与最聪明的人共同进化

湛庐 CHEERS

HERE COMES EVERYBODY

越安全

Unsafe Thinking

[荷]乔纳·萨克斯
Jonah Sachs 著

傅婧瑛 译

天津出版传媒集团
天津科学技术出版社

越危险

上架指导：商业新思维

Unsafe Thinking: How to Be Nimble and Bold When You Need It Most
Copyright © 2018 by Jonah Sachs
This edition published by arrangement with Da Capo Press, an imprint of Perseus Books, LLC, a subsidiary of Hachette Book Group, Inc., New York, USA. All rights reserved.

本书简体中文版由Perseus Books, LLC, a subsidiary of Hachette Book Group, Inc.授权在中华人民共和国境内独家出版发行。未经出版者预先书面许可，不得以任何方式抄袭、复制或节录本书中的任何部分。

版权所有，侵权必究。

天津市版权登记号：图字02-2021-029号

图书在版编目（CIP）数据

越安全越危险 /（荷）乔纳·萨克斯（Jonah Sachs）著；傅婧瑛译 . — 天津：天津科学技术出版社，2021.6
书名原文：Unsafe Thinking: How to be Nimble and Bold When You Need It Most
ISBN 978-7-5576-9385-5

Ⅰ. ①越⋯ Ⅱ. ①乔⋯ ②傅⋯ Ⅲ. ①思维方式
Ⅳ. ① B804

中国版本图书馆 CIP 数据核字（2021）第 106178 号

越安全越危险
YUE ANQUAN YUE WEIXIAN
责任编辑：房　芳
责任印制：兰　毅

出　　版：	天津出版传媒集团 天津科学技术出版社
地　　址：	天津市西康路 35 号
邮　　编：	300051
电　　话：	（022）23332397（编辑部）
网　　址：	www.tjkjcbs.com.cn
发　　行：	新华书店经销
印　　刷：	唐山富达印务有限公司

开本 710×965　1/16　印张 16.75　字数 244 000
2021年6月第1版第1次印刷
定价：89.90元

版权所有，侵权必究
本书法律顾问　北京市盈科律师事务所　崔爽律师
　　　　　　　　　　　　　　　　　　张雅琴律师

前言

危险的创新框架

伴随着一段精心编排的舞蹈,新闻发布会在一片欢乐的气氛中结束了。彩色纸屑从屋顶飘落,两只山羊紧张地站在舞台上,旁边是关在笼子里的几只刺猬。

这是为一支小联盟棒球队举办的更名发布会,这支球队即将搬进康涅狄格州哈特福德市市中心的一座造价 5600 万美元的全新体育场。人们希望这支更名为"驻场羊"(Yard Goats)的球队,能为当地长期处于困顿状态的社区注入新的活力。在选择队名的过程中,"刺猬"以微弱的劣势输给了"山羊"。

观众席中的一些人不情愿地发出了毫无激情的欢呼声。其他人则安静地站着,一脸困惑。

公众迅速给出了无情的反馈。"这是我这辈子听过的最糟糕的名字。"作为这支原名为"岩猫"（Rock Cats）的球队的忠实球迷，一名87岁的老人愤怒地说道。他甚至发誓再也不会去看该球队的比赛。社交网络上也全是嘲讽。有些人甚至说这个名字是对哈特福德市人数日益增长的牙买加人的侮辱，因为很多牙买加人都饲养并食用山羊。更名过程中，组委会通过公众参与的方式收到了大约6000个备选名字。可不知道为什么，"驻场羊"这个名字成了首选。"驻场羊？"球迷们质问道，"这就是你能选出的最好的名字？"

然而，在贾森·克莱因（Jason Klein）看来，一切都在按计划进行。尽管公众对新队名的愤怒与抗拒令人难过，但他明白，这种反应意味着他触动了人们的某根神经。当他把得克萨斯州埃尔帕索的球队命名为"吉娃娃"（Chihuahuas）时，当地人很愤怒。当他把宾夕法尼亚州利哈伊及弗吉尼亚州里士满的球队分别命名为"铁猪"（Iron Pigs）和"飞翔松鼠"（Flying Squirrels）时，人们更是出离愤怒。在球迷的压力下，经常有客户考虑放弃克莱因为他们设计的品牌名称，终止与他的事务所合作。但在一年内，上述所有城市以及与克莱因的事务所存在合作的地方，球队商品的销量都出现了暴涨，并且创造了棒球小联盟球队的销量纪录。不仅利哈伊的球迷愿意购买有着培根装饰的帽子，全美各地的球迷也都愿意买这样的帽子。观看吉娃娃队的比赛时，他们捧着装有玉米片的狗粮碗大快朵颐，然后骄傲地把碗当作纪念品带回家。这些球队赢得了关注，获得了利润。而名字好听的球队，比如圣何塞巨人队，则无法与之抗衡。

"如果你对人们对新名字的反应感到紧张，那反而是好事，"克莱因说，"人们会很快忘掉预料之中的结果，大脑会把预料之中的结果放进'不用看我就知道'的区域。那样的话，球队就完了。"

对很多小联盟球队来说，"死亡"的危险迫在眉睫。随着小城镇中可供选择的竞技娱乐项目越来越多，公众对棒球的兴趣日渐减少，球队老板们本能地转向仍然繁荣的职业棒球大联盟，寻求提高竞争力的方法。克莱因和他的事务所 Brandiose 却放弃了这种显而易见的方法。克莱因分析，小联盟球队的作用是为本地家庭提供娱乐服务。他认为，小联盟球队可以既做二流竞技球队，又做一流表演球队。克莱因的这种论断可能会冒犯忠实球迷，但他的工作对整个棒球运动产业产生了巨大影响。勇敢者队改名为"里士满飞翔松鼠队"时，球队总裁拿起麦克风说道："我想对媒体说几句话。有人问，我们到底属于棒球产业还是马戏表演产业。那我就明说了，我们属于马戏表演产业。"

克莱因并非随便选出了那些名字。在哈特福德这个地方选择"驻场羊"这个名字，其实非常合乎逻辑。人们要做的，只是改变思考问题的方式。在英语中，"驻场羊"（Yard Goat）其实指的是过去在铁路站场中拖运大型列车的小火车头。两个词之间不连贯的英文发音也会给人顽固与傲慢的感觉，而这正符合哈特福德当地人对自己城市特征的描述。第一次听到这个名字时，你会有哪里都不对的感觉；可当你不再去思考时，这个名字怎么听怎么合适。驻场羊很快变成了只有哈特福德人才能理解的梗。就是因为这个原因，这个球队最终获得了成功。

假如克莱因选择了诸如"越橘果"（Huckleberries）这种更为安全的名字，哈特福德市民可能会向克莱因送上"荣誉市民"的称号，他在短期内也会获得更高的客户满意度。毕竟，"越橘果"这个名字是《哈特福德新闻报》（*Hartford Courant*）的读者推选出来的，也是在向与马克·吐温有关的城市历史致敬。选择"越橘果"，克莱因就能得到每一个普通人都渴望的赞赏与认可。但可以肯定的是，克莱因的事务所的创作会趋于雷同。相反，克莱因克服了人的天性，不过分追求创作中的安全感与外界的认可。而他的别出心裁，使得一个陷入停滞的产业获得了革命性增长。

克莱因是一个风险思维者。面对一个个逼迫棒球小联盟走向解体的难题，他没有退缩。相反，在他眼中，动荡就是机会。克莱因带着勇气和嬉闹的态度解决问题，他知道自己的态度不仅不会得到行业专家的认可，甚至还会导致他的声誉受到损害。但正因如此，克莱因发掘出了不一样的才能，提出了诸如铁猪、飞翔松鼠和驻场羊这些怪异又反直觉的创意。

可世界上的贾森·克莱因为什么这么少呢？为什么只有少数人和机构能在剧变中不断取得成功，而大多数人在取得一定成功后只会墨守成规、一成不变？为什么只有极少数人在面对不熟悉的挑战时能够秉持灵活、敏锐的心态，而其他人只会采用过时或渐进性的解决方案？为什么在明显需要开动脑筋、大胆承担风险时，很多人会本能地选择安全及稳定？

创作流程摧毁创造力

当我在 2013 年第一次听说克莱因的名字时，我迫切地需要找到上述问题的答案。我创建的广告公司当时正处于崩溃边缘，问题的关键就在于我们执着于一个所谓的"创作流程"，而这个流程就是摧毁我们创造力的根源。更糟糕的是，这都是我的错。

1999 年大学刚毕业，24 岁的我就创建了 Free Range 公司，因为我觉得自己无法在传统公司中工作。我不愿意遵守规则，不愿意遵循制定好的流程；我觉得如果我在一个官僚主义横行的公司工作，不可避免的结果就是被解雇。我下决心让 Free Range 成为一个让创意团队可以自由发挥、大胆进行娱乐甚至提出稀奇古怪创意的地方。公司的早期成功证明了我的理念的正确性。我们制作了一部 4 分钟的网络动画，用穿着战地雨衣的动物做主角，揭露了畜牧业工厂化存在的问题。在大多数人还不知道互联网视频这个概念时，这部名叫《骇肉任务》（*The Meatrix*）的短片的浏览人数就达到了 3000

万。很多人在笑着看完短片后，决定用行动解决片中提到却从未有人谈论的问题。

另外一部短片《东西的故事》（The Story of Stuff）打破了有关网络营销的一切规则：这部短片片长大约 20 分钟，它试图说服人们，购物并非人生的意义。由于世界各地的教师在课堂上播放这部短片，《东西的故事》的播放量比《骇肉任务》还要高。随着这样的成功越来越多，Free Range 成为不落俗套、以互联网手段改变世界的代名词。我们很喜欢自己的状态。

可随着公司从两人发展到 40 人，我开始感受到压力，我不得不让成功变得可复制、可预测。为了给数量不断增长的客户提供优质的服务，我做出了一个看似成熟的决定：制定一套供所有人遵守的严格制度。就这样，我从一个痛恨规则的 24 岁的年轻人，变成了一个寻求安稳的 38 岁的中年人。我订阅了管理学杂志，聘用了咨询师，开始执行标准操作流程，明确规定了所谓通向创作成功的详细步骤。我甚至写了一本描述"我们如何讲故事"的书，这使得源源不断有人找我寻求建议。可在内心深处，传播智慧的感觉并不好。我怀疑我根本没有理解自己以专家身份去传授的理念。我总是迅速、果断地回答问题，害怕暴露内心深处的不确定。

我制定的创作方法，一定程度上确实为公司提供了必需的稳定结构。可我推行的创作流程，却在撕裂我的团队。过去关系融洽的合作伙伴，如今却在为谁能真正理解并高效应用创作流程而爆发争吵。人们抱怨自己受到了限制，我能感觉到他们不再像过去那样动力十足了。我们的作品开始变得古板而无趣，我和其他人一样不开心。最让人不安的是，我花了几个月时间才招募进来的后起之秀，总是入职不久后就突然辞职。大多数人跟我说，他们想要更多的创作自由。

就在几年前，我曾自信地认为我们参与的社会活动能够改变世界。可现在，我似乎连自身的状态都无法改变。我害怕摆脱这个让公司高速发展的流程，但我也能看出自己的事业很快就有解体的危险。

我本能地觉得，如果维持现状，如果继续走在那条看似通向成功的安全通道上，我们实际是在走向失败。可随着工作压力越来越大，"现状"仿佛变成了一块磁铁，牢牢地控制住了我的大脑。这种紧张状态让我异常痛苦。我自认为富有创造力，习惯在面对难题时即兴发挥。但现在我只能在固定框架内寻找答案，每次都一无所获。

拥抱风险思维

我开始寻找大胆的创新者：我推崇的内容制作者，他们会挑战传统，在承受巨大风险后做出美妙且价值极高的产品。我想知道，他们究竟是天生愿意承担创作风险，还是有方法可以培养风险思维？我列出了一份风险思维者名单，随后开始联系他们。很多人都非常愿意分享他们的见解。我想知道，是什么让他们能够在打破现状的同时，也能带动身边的其他人？在追求不同寻常的创意时，他们如何克服随之而来的焦虑？或者说，为什么他们不像我那样在面对风险时产生那么多的焦虑？他们如何阻止自己条件反射性地遵守已有规则？最重要的是，他们能否分享让自己走出安全区的方法？

我和这些人进行了100多次对话。除了和贾森·克莱因交流外，我还见到了两名颠覆了传统观念，甚至可以说颠覆了传统道德观念的经济学家。他们向传统的"授人以渔"观念发出挑战，一度跑到非洲，拿出1000美元直接送给当地人。这两名经济学家提出的模式受到了同行及一些发达国家的广泛批评，可他们坚持了下去，并很快发展成为世界上最顶尖的慈善机构之一。不久前他们接到了一笔2500万美元的捐款，用于扩大慈善活动的规模。具有先驱意义的GiveDirectly（直接馈赠）慈善机构让我明白，深刻的见解与严谨的科学态度正确搭配，能挑战并且最终转变曾经被人们深信不疑的文化直觉。

我和一名澳大利亚医生巴里·马歇尔（Barry Marshall）共处过一段时间，他主动感染了一种过去无法治愈的疾病；尽管没人相信他，但他坚信自己能治愈这种疾病。马歇尔孤注一掷的行为，差点儿让他成为医学界的笑柄，他的妻子差点儿把他赶出家门，可他最终获得了诺贝尔奖。我从他身上学到，有时游走在规则边缘，甚至直接挑战规则，是通向成功的最佳途径。

从在任期内使Pets.com沦为互联网历史上最著名的失败案例的CEO朱莉·温赖特（Julie Wainwright）身上，我学到了如何重拾走出失败的勇气与动力。如今更聪明、更成熟的朱莉·温赖特悄悄打造出了一个比Pets.com鼎盛时期还要成功的公司。

NBA球队金州勇士队的主教练史蒂夫·克尔（Steve Kerr）跟我讲述了在成长过程中，他如何鼓励自己及其他人不怕犯错并且敢于承担风险。在克尔的带领下，金州勇士队从一支普通强队，成长为3年两夺总冠军的超级球队。执教勇士队的第2个赛季，克尔带队打出了NBA历史上的最佳战绩。

从一名说服老板拒绝价值20亿美元烟草生意的CVS（Consumer Value Stone）连锁药店高管身上，我再次看到了风险思维者是如何改变保守文化、引领巨大改变的。对CVS这家连锁药店来说，停止出售烟草是风险巨大又反直觉的一种做法，但这一行动最终让他们获得了从盈利到口碑的全面胜利。

罗列风险思维者名单时，我陷入了"反叛者喜欢违反常规"的惯常思维，认为他们就像苹果公司广告里说的那样"是疯子"，认为他们的思维方式和普通人完全不同，认为他们只是跟着感觉走，就能轻松突破各种边界，他们不害怕嘲讽或失败。但接触后我才发现，为了挑战自我，他们也是逐渐学会面对焦虑、接受风险带来的不适感并承受外界批评的。大多数人都犯过错误。他们也经常陷入和我一样的困境，即不断与采用安全方法的本能做斗争。

在我意识到将创新者定义为"疯子"是错的时，我也看到了希望。我知道自己必须张开双臂，拥抱风险思维；现在的我明白，我可以培养自己拥抱并掌握风险思维的意愿与能力。从故事到科学原理，我在这本书里分享了自己学到的全部知识。

测一测　　你的思维方式是否具有创新性

1. 在专业领域，专家一定能比新手提出更好的方案。

　　A. 正确　　　　　　　　B. 不正确

2. 成员亲和力高的团队，一定比成员脾气坏的团队更容易成功。

　　A. 正确　　　　　　　　B. 不正确

3. 在你想出一个特别好的主意前，你会有不舒服的感觉，这种不适感可能是一种积极信号。焦虑也能成为有价值的情绪。

　　A. 正确　　　　　　　　B. 不正确

4. 直觉是每个人都拥有的隐藏天赋，但过分依赖直觉会让我们陷入思维陷阱，最终让我们以偏见为基础，做出错误的决定。

　　A. 正确　　　　　　　　B. 不正确

扫码获取测试题答案和解析。

目 录

前　言　**危险的创新框架** _I
　　　　　创作流程摧毁创造力　　　　　　　　　　　　　IV
　　　　　拥抱风险思维　　　　　　　　　　　　　　　　VI

测一测　**你的思维方式是否具有创新性** _IX

引　言　**踏上释放创意的危险旅程** _001
　　　　　你可以让自己变得更有创意　　　　　　　　　004
　　　　　推动创新的六大策略　　　　　　　　　　　　007

第 1 部分　**策略 1，
　　　　　保持勇气，商业世界没有安全地带** _011

第 1 章　**挣脱生存模式，不打安全牌** _013
　　　　　"廉价项链"谜题　　　　　　　　　　　　　017
　　　　　寻找安全感，一种根深蒂固的习惯　　　　　　020

第 2 章　**化恐惧为力量，大胆思考** _025
　　　　　管理焦虑　　　　　　　　　　　　　　　　　028
　　　　　不适感是一种积极信号　　　　　　　　　　　032

第 2 部分　策略 2，
让持续的困难与挑战成为动力的来源 _037

第 3 章　内在动力重要，外在动力也重要 _039

内在动力与外在动力　　　　　　　　　　045
当动力遭到扭曲时　　　　　　　　　　　047
创造具有神奇力量的动力　　　　　　　　049
不同的阶段需要不同的动力　　　　　　　052

第 4 章　热爱我们面临的困难与挑战 _055

心流是内在动力的重要来源　　　　　　　060
进入心流状态的 3 个条件　　　　　　　　063
摒除外界的噪声　　　　　　　　　　　　067
学会有意识地放松　　　　　　　　　　　071

第 3 部分　策略 3，
真正的专业是经验与创新并行 _077

第 5 章　善用新手优势，
在陌生的领域找回学习能力 _079

新手的优势　　　　　　　　　　　　　　083
专家的思维定式　　　　　　　　　　　　087
跳出专家陷阱，站在新手位置　　　　　　091
将专业知识用于专业之外的领域　　　　　094

第 6 章　放下专家的架子，
留出更多的时间思考可能性 _097

自我感觉良好会让人变得愚蠢　　　　　　100
危急时刻应放慢行动速度　　　　　　　　105

目录

第 4 部分　策略 4，相信直觉，也要相信反直觉 _113

第 7 章　我们需要直觉，但不要被直觉控制 _115
- 被几乎所有人视作疯狂的出色想法　120
- 直觉是每个人都拥有的隐藏天赋　122
- 直觉与偏差　126

第 8 章　驾驭直觉，让直觉更值得信任 _133
- 不要把偏见当直觉　135
- 不要把情绪当直觉　138
- 让反直觉成为一种本能　142
- 直觉，一种可以学习和训练的技能　145
- 把直觉当作假设，用分析验证直觉　148

第 9 章　获得反直觉创意，用出人意料的方法解决高难度问题 _153
- 接纳荒谬的逻辑　160
- 头盔让橄榄球运动更危险　165
- 培养反直觉创造力的 4 种方法　171

第 5 部分　策略 5，用怀疑的态度面对规则 _179

第 10 章　做"正确的事"，可能会让你重蹈覆辙 _181
- 创造力的代价　187
- 有智慧的反抗　192

	鼓励他人反抗	195
	牵制规则	197
	打破我们自己的规则	198

第 11 章　与敌同行，我们需要看似敌人的朋友 _201

	随机小组比专家小组更高效	205
	寻找最不可能的盟友	206

第 6 部分　策略 6，打破限制创新的共识，创造允许失败的安全环境 _213

第 12 章　创造一种鼓励冒险的文化 _215

	向顺从发起反抗	222
	逃离亲和力陷阱	224
	引入"红队"	225
	制造有益的冲突，让边缘信息不断涌现	227
	让冒险变得安全	229

第 13 章　"允许失败"不仅是一种理念，也需要实践 _235

	奖励"得分"的灾难性后果	238

结　语　成为一名真正的探索型思维者 _245

引　言

踏上释放创意的
危险旅程

什么是风险思维？风险思维是指遇到挑战时愿意脱离常规操作流程的思维，指为了实现突破，你要直面焦虑，容忍外界的批评，理性地承担风险，挑战传统观念，尤其是自己的传统观念。

在一个快速变化的世界中，风险思维是不可或缺的技能。可这种思维方式并不会自然出现，因为人类思维的基本结构让我们不愿意改变应对问题的方式。事实上，随着获得的经验和专业技能越来越多，我们会越来越倾向于采用熟悉的做法。部分原因在于，我们过度依赖心理学家称为"爬山法"的决策工具。当我们面对挑战，想要寻求解决方案时，爬山法这种潜意识的经验法则会在每一个决策点鼓动我们选择表面上通往目标的最直接路径，而这通常意味着选择经过前人尝试的、得到证实的方法。比如，我们会为去年夏天票房大卖的电影拍摄续集，会将绝大多数研发精力投入对现有产品的渐进性升级上，我们会一字不动地寄出去年收效极好的筹款信，会抄袭最成功的竞争对手。问题在于，面对不断变化的环境，正如历史不断证明的那样，爬山法只会带来平庸的结果。

爬山法并不是唯一需要我们对抗的无用的思维捷径。这只是人类思维的众多误区之一，它在进化过程中逐渐形成，导致我们偏爱安全感与熟悉感。这是一种突出了权威与确定性的需求，它不会承认我们需要提出更多问题；

在团队协作中，它会导致我们不由自主地与其他人趋向一致；这也是一种不断将传统思维内化为自身本能的习惯，这些趋势会阻止我们形成新想法，阻止我们坚持使用新的方法。具有讽刺意味的是，当我们进入未知领域需要新方法时，安全思维的欲望反而会变得更强。当标准操作流程无法带来让人满意的结果时，未知带来的不适以及对失败的恐惧将会促使我们更为急迫地寻求安全的做法。

然而，在这样的情况下采用安全思维可能会带来相当大的危险。安全思维对于个人的人生和职业生涯、对于具有领先地位的企业，甚至是对于社会整体都有可能产生危险，并最终导致失败。医学调查显示，当医生建议患者从根本上改变生活方式时，高达 70% 的人选择了继续坚持让自己感觉舒服的不健康的生活方式。盖洛普咨询公司（Gallup）的调查报告表明，超过 2/3 的美国人在工作中态度散漫。他们满足于单调的能提供安全感的工作，不愿意冒险追逐自己的激情所在；这种状态有时会让他们的人生无比痛苦。而这些未被开发的创造潜能，却拥有无法衡量的价值。

在美国的教育体系中，学校甚至将安全思维灌输给了孩子。尽管有大量证据证明这种思维方式没有效果，但学校还是以应试为目的把这些内容教给了孩子。"考试并惩罚"这个规则已经运行超过 10 年，在这个规则的影响下，不达标的老师会被开除，不达标的学校会被解散；美国学生的基础变得越来越差，衡量学生创造力的指标又在大幅跳水。创造力是未来最为重要的竞争力，但我们有可能会创造出又一代只拥有安全思维的人。面对这种令人失望的结果，最常见的回应是什么呢？答案是更多的标准与考试。

你可以让自己变得更有创意

尽管科学原理表明，想要改变自身、改变本能，我们要面临漫长和艰苦的战斗，但科学也为我们提供了很多希望。过去几十年，创造性科学经历了重大变革。过去，我们认为创造力是固定特质、不受外界影响，但越来越多的研究表明，我们对自己其实拥有更强的控制力，可以让自己变得更有创意。

哈佛大学心理学家特雷莎·阿马比尔（Teresa Amabile）[1]传奇的一生始于一个相当简单的实验，其中涉及一群小学生和一些艺术材料，她的两个姐姐也伸出了援手，那时的她只请得起姐姐帮忙进行研究。

阿马比尔将学生分为两组，两组都要创作拼贴画。其中一组孩子获知，他们的创作结果将会接受评审，最好的一个会赢得奖品。另一组孩子获知，所有人的作品最终会混合在一起，以抽奖的形式决定谁能获得奖励。阿马比尔随后将拼贴画交给3名职业艺术家进行独立评审。评委们一致认为，第2组不认为作品会接受评审的学生的作品明显更有创意。

在不存在激励的情况下，孩子们创造出了更具创意的作品。这个结果对阿马比尔的观点产生了重要影响，也让她对开创新的理论形成了初步的概念。那时她的导师却建议说，作为一个女性，如果想要跻身众所周知的由男性主导的实验心理学领域，不要深入研究上述问题。导师告诉阿马比尔，她的研究方向与主流观点相去甚远，继续研究只会扼杀她的职业发展。幸运的是，阿马比尔是个风险思维者。她义无反顾地选择了继续。

经过一个又一个实验，阿马比尔发现，奖励和惩罚都会压制创造力的输出；而那些因为内在动力而投身工作的人，因为能在工作中找到乐趣，可以持续地输出创造力。这些关于动力与创造力的发现未来会产生广泛的影响

---

[1] 哈佛大学商学院教授，因在创新和创造力领域的贡献而获得了2018年哈佛终身成就奖。——编者注

力,但阿马比尔从中吸取了一个更为重要的经验:个人的创造力可以得到提高或受到压制。一个人并非天生就是有创造力的艺术家,或是理性分析型的会计师。特定因素可以改变我们的创造能力,就像阿马比尔在她的艺术小组实验中做的那样,我们可以控制那些因素。

随着研究不断扩展,阿马比尔发现,有4个关键因素可以大幅提高创造力。她的著名的"汇集理论"(Confluence Theory)表明,面对创造性挑战时,我们要想摆脱现状、发掘出新颖且有效的解决方案,很大程度上有赖于:

- 个人内心存在解决问题的动力。

- 针对需要解决的问题,我们已经有了深度了解。为了避免不断走入死胡同,我们需要知道过去人们进行过哪些尝试,哪些方法有效,哪些方法无效。

- 应对问题时,我们需要采用阿马比尔所说的"创造性工作方式"。这意味着我们有打破旧习惯的意愿,愿意考虑不熟悉的想法,甚至打破规则。

- 我们所在的社会环境能够传导创造力。如果管理层关注的只是减少风险,且公司内部存在过于僵化的流程,还有挑动员工对立的办公室政治,这些因素会轻松摧毁创造力。

阿马比尔的发现为人们提高跳出安全思维界限的能力提供了有证据支持的路线图,可当我试着运用这些原则解决自己遇到的难题时,我很快就发现这会引出一些很棘手的新难题。

比如内在动力,事实上,绝大多数人无法逃避外部压力。我们必须用工作取悦他人,无论这个人是老板还是客户,我们都必须遵从并非按照自身需求制定的时间表。在这个过程中,即便宏观上某个任务与我们的热情与兴趣存在重合,每个人也都需要做一些自己没有动力去做的事。我忍不住去想,在留心外部压力的同时，我们能否最大限度地利用内在动力？

那么，我们具有了解深度知识的内在需求吗？我自己身为所谓专家的经历让我确信，专业知识有可能变成最糟糕的思维陷阱。一份最近的研究显示，仅仅是把自己当成某个问题的专家，就会导致我们更容易犯下基本的常识性错误。因此我开始思考，我们如何才能以专业知识为基础，又不受专业知识的蒙蔽，去思考和尝试全新的可能？

最有挑战的一点可能在于，在巨大的时间与生产效率的压力下，我们如何才能抛开传统思维、尝试新的理念？大多数机构的管理文化与体制会压制和束缚我们挑战传统思维并冒险的自由。在尝试颠覆时，我们会遭人嘲笑、被人厌恶，甚至会受到报复。我们如何面对上述后果带来的焦虑甚至恐惧？像我一样已经进入管理层的人可能会希望摆脱桎梏自由发挥，可我们如何才能避免拆散整个公司而从头开始？

推动创新的六大策略

经过多年的研究、实验以及失败，我终于找到了一条可以引领我们走出安全思维陷阱的路。我可以自信地说，这是一条有着科学支持、以我自身经历为基础形成的路，我们可以用更开放、更有创意、更具创新精神以及更快乐的方式做事。尽管在这个过程中我意识到，设置过多的结构、太有条理并非好事，但在这本书里，我还是会提供一些信息作为未来的指南。

如图 0-1 所示，我将这本书分为了 6 个部分。每一部分探索一种创新策略，以及帮助我们克服采用风险思维的障碍的实践案例。尽管我提到的很多工具与行动需要深度实践才能自然地融入思维过程并产生效果，但我可以证明，这些工具与行动很大程度上促进了我完成自己的工作。它们让我重获创新锋芒，激活了围绕在我身边的创造力。

图0-1 打破常规的创新策略

第1部分是策略1，保持勇气，商业世界没有安全地带。我在这一部分探索了"不舒服"，甚至是"恐惧"这种心理在我们陷入安全思维陷阱中扮演的角色。我考察了与焦虑有关的一些负面说法，针对挑战现状时产生的不适感，我提出了接受甚至欢迎这种感觉的方法。打破旧有思维模式能让众多新的选择摆在我们面前，可没有"勇气"这个基础，我们就不可能迈出第一步。

第2部分是策略2，让持续的困难与挑战成为动力的来源。这一部分讲述了在面临挫败时，我们需要什么样的能量才能继续尝试用全新且令人不适的方法面对工作。我们在这一部分会突破常见的内在动力与外在动力观点，展示驾驭这两种力量的简单方法，从而让自己保持高水平的创造性动力。

第3部分是策略3，真正的专业是经验与创新并行。这一部分厘清了一个悖论，也就是，一方面，我们需要专业技能才能成功完成创造性工作，另一方面，在成为专家后我们的学习能力和工作表现又会出现下滑。我会告诉你如何一边利用专业技能的优势，一边保留初学者具备的敏捷思维与好奇心。

第4部分是策略4，相信直觉，也要相信反直觉。这一部分可以让读者深入了解"直觉"的力量与局限，以及那些在大多数人看来违反直觉甚至荒谬的想法所拥有的优势，这中间藏着真正的灵感。

第5部分是策略5，用怀疑的态度面对规则。我在这里提出了一个具有挑战性的说法，即强烈的"做正确的事"的想法，有时会变成重复旧做法的危险决心。我们会发现"有智慧的反抗"这种提升创造力的实践，了解我们为什么需要更多看似是敌人的朋友。

第6部分是策略6，打破限制创新的共识，创造允许失败的安全环境。这一部分集中关注了如何与他人合作，以及如何在反对创造的社会压力下实现突破。不论你是不是受到正式认可的领导，我们会在这一部分探讨领导团队的技巧，以便更持续地进行风险思维的实践。

在探索可预测性与创新、结构条理与自由、安全与风险这些永恒的对立关系时，我发现，成功并不取决于任何预定规则，也不由任何提前确定的打破现有规则的方法决定。风险思维者能否取得突破的决定因素，通常在于他们能否灵活使用所有可用的工具。理性与创造力、直觉与分析、内在动力与外在动力、专家心态与初学者心态，这些都是人类思维的重要组成部分。适应能力最强的人会依靠那些最为自然的工具，有意地去磨砺那些自己本能上相对不会使用的工具。

这种需要调动整个大脑的行为方式不会自然出现，也无法立刻实现。但在我看来，在当今时代，虽然自动的、简单的解决方案看上去很有吸引力，但任何简单的方法都不适合我们所面临的挑战。我们面对的是前人无法想象的社会、科技以及环境问题。可现在也是人类历史上第一次有机会彻底消除贫困和大多数疾病的时代，我们可以设计的绝不只是我们所在的社区。安全思维者依赖的是无法应对这些挑战或者无法把握机会的标准行事流程。

通过我展示的风险思维者的故事与科学原理，我希望激励读者亲自尝试那些可以解锁自身风险思维潜力的实践，或者开发团队中其他人的潜力。我在风险思维世界的旅程证明，这条路不仅引领我取得了工作上的成功，也让我获得了更为满足、更兴奋与快乐的生活。

UNSAFE THINKING

HOW TO BE NIMBLE AND BOLD WHEN YOU NEED IT MOST

第 1 部分

策略 1，
保持勇气，商业世界没有安全地带

UNSAFE THINKING

即使风险极低,我们也还是会执着于运用安全思维。但采用旧方法应对新挑战,只会让我们面临更多威胁,从而导致更多的焦虑和更高水平的大脑皮层觉醒。

第 1 章

挣脱生存模式,
不打安全牌

UNSAFE
THINKING

？ 为什么明知
不应该，我们
还是会固执己见？

第 1 章 挣脱生存模式，不打安全牌

2015 年，我去得克萨斯州的奥斯汀市参加了一个由大约 100 名 CEO 出席的私密聚会，他们在会上分享了自己面对挑战并实现突破的故事。之所以参加这个聚会，是因为我觉得和正处在危机中的人交流可以了解更多真知灼见，而如果是听别人转述的话，就很难捕捉到这样的亮点。我知道，其中一个准备发言的人当时正深陷麻烦。在观众席就座时，我能明显感受到房间里充满了期待与紧张的气氛。其他演讲人也各自分享了自己的困难经历，但即将上台的这个人才是重中之重。

全食超市（Whole Foods）创始人兼联合 CEO 约翰·麦基（John Mackey）的座位前摆放着一大簇寓意美好与平静的绿植和鲜花，但麦基的面部表情就是会场紧张气氛的最佳写照。观众席到处都在紧张地窃窃私语。

由于增长速度逐渐放慢，市值 150 亿美元的全食超市在过去 6 个月里股价暴跌了 40% 多。分析师们似乎可以确定，这家公司很快就会被挤出市场。麦基不久前也开始向有意离职的员工提供补偿金方案，已经有 2000 人接受了他的方案。与此同时，曾经备受推崇的全食超市品牌也突然成为众矢之的。动物权利组织"善待动物组织"（PETA）针对全食超市的高价商品发起的一项运动在社交媒体上引起了巨大反响，纽约州消费者事务部几乎在同时指控全食超市的称重存在问题。媒体与公众声势浩大的嘲讽与批评接踵而

至，全食超市几乎不可能如期推进它的商业计划。

麦基称外界对全食超市的攻击是"假新闻"。这个在37年前仅凭一家门店逐步创立起全食超市品牌的人，显然已经在亲自处理这场危机了。他在聚会中首先讲述了自己最初将健康食物引入美国各地社区的梦想，讲起了当时全食超市的成功程度远远超出了他的预期，令他惊喜不已。接下来，他谈到看着公司的发展形势急转直下又是多么让人痛苦。麦基用低沉的语调说："当所有人都冲你激动地喊叫，各种声音扑面而来时，你很难保持开放心态去坚信新事物正在萌生。"麦基接着谈起了他和联合CEO沃尔特·罗布（Walter Robb）的未来打算，他说："一年后再来看我们俩。我们要么涅槃重生，要么走人。"

麦基的最后一段话让所有观众暗自惊叹。这场危机竟严重到麦基已经开始公开谈论他离开由自己开创的商业帝国的可能了。可真正让我感兴趣的是麦基前面所说的话："**当所有人都冲你激动地喊叫，各种声音扑面而来时，你很难保持开放心态去坚信新事物正在萌生。**"

当局势要求我们改变自身的思维方式时，麦基道出了其中最困难的一点。当我们面对不熟悉的挑战时，因为现有方法明显不能满足需求，我们知道自己需要开放心态、在更广泛的范围内寻找解决方案。与此同时，对危险的感知又会使我们的大脑切换到生存模式，我们会因此倾向于采用熟悉的方法，采取更为安全的行动。这种情况不仅出现在面对重大危机时，也会出现在每一天的每一个瞬间，比如一个项目在接近最终期限时遇到困难，在工作中与重要合作伙伴交恶，一份工作成果出乎意料地遭到否定等。

第 1 章 挣脱生存模式，不打安全牌

"廉价项链"谜题

你可能和麦基一样，苦于无法在巨大压力下开放心态去接纳全新的、富有创造力的解决方案。实际上，保持开放心态的难度并不大，你只需要抽出一点时间，在自己身上进行一个简单的实验。拿起笔和纸，试着解答图 1-1 所示的这道被称为"廉价项链"的谜题。

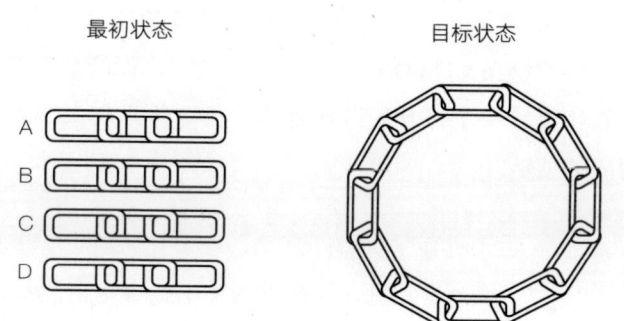

假设你要制作一个由 4 个链条组成的封闭项链，每个链条又由 3 个闭环构成。打开一环会消耗 2 分钱，合上一环会消耗 3 分钱。你的目标是用不超过 15 分钱做好这个项链。给自己 5 分钟时间，解开这道题。

打开一环：2 分钱
合上一环：3 分钱
目标：花费 15 分钱

图 1-1 "廉价项链"谜题

经过无数测试，只有大约 3% 的人能解开这道题。如果你也想尝试解开这道题，因为读了本书这一章内容，相比大多数人而言你就拥有了先发优势，你会想到不要急于把注意力集中在那些显而易见的答案上。不过考虑到时间压力，我认为你想不到简单但又违反直觉的答案。你的大脑很快就会切换到看上去最直接的答案：打开每个链条边上的一环，试着将项链连在一起，这一定是正确答案。

尽管这个策略早已被证明无效，但人们还是在用这个方法。随着时间一分一秒地流逝，他们只会越发坚持这个做法。

做好看答案的准备了吗？如图1-2所示，想用15分钱或者更少的钱做成项链的唯一方法是，首先，要向后迈出看起来极有风险的一步。打开某个链条（比如链条A）的全部3环，这会让你花掉6分钱。你已经花掉了6分钱，却没有任何明显进展。其次，其中一环可以形成一个扣环，将链条B和C连接在一起。花费3分钱合上扣环，现在你花掉了9分钱。再次，用第2个打开的链环将链条C和D连在一起，合上后，你的总花费达到了12分钱。最后，再用最后一个打开的链环将两个长链条连在一起，用15分钱做好了一个封闭的项链。

第1步
打开链条A的全部3环，花费6分钱。

第2步
将链条A上打开的一环与链条B和C连在一起，合上打开的一环。
花费3分钱，总共花费9分钱。

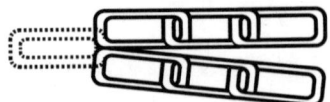

图1-2　解开谜题的4个步骤

第 1 章　挣脱生存模式，不打安全牌

第 3 步
用链条 A 上打开的另外一环将链条 D 与链条 B 和 C 连在一起，然后合上，
花费 3 分钱，总共花费 12 分钱。

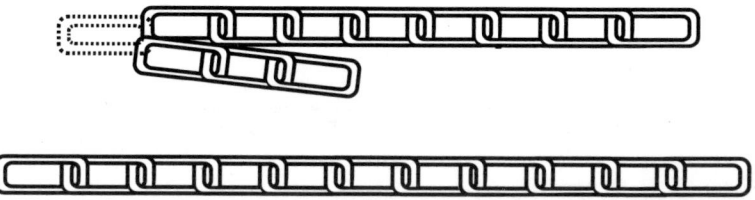

第 4 步
用最后一个打开的链环连接链条左右两侧，然后合上。花费 3 分钱，
总共花费 15 分钱。

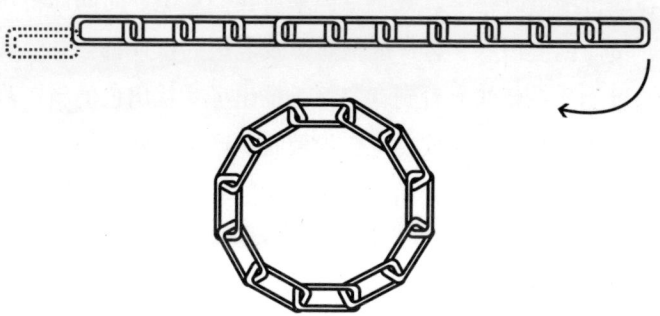

图 1-2　解开谜题的 4 个步骤（续）

这个答案本身并不复杂，但在寻找这个答案的过程中，大多数人都只是在显而易见的起点附近绕圈，不断尝试同一种方式，最终陷入沮丧。在他们还没来得及尝试新方法时，时间就用完了。而这些人通常不会考虑首先花掉 9 分钱却又不能直接取得进展的违反直觉的做法。即便得到提示，只有采用创新且不那么明显的方法才能成功，人们也只会点头微笑，然后立刻低头继续尝试旧方法。这些实验告诉我们，**即使风险极低，我们也还是会执着于**

运用安全思维。在这个案例中，焦虑和压力微乎其微，人们几乎不会有任何感觉。可即便焦虑和压力水平如此之低，我们也很难克服坚持固有观点的想法。

寻找安全感，一种根深蒂固的习惯

为什么会这样？为什么我们的想法会这么轻易地固定下来？我将坚持使用熟悉且安全的方法这种有害的思维机制称作"安全思维循环"（见图1-3）。

这个循环的第1个阶段是"威胁意识"，很多情况都可以刺激人们产生这种意识。在廉价项链谜题中，威胁意识来自我们意识到时间即将用完。在现实生活中，负面销售信息、客户的抱怨以及老板的批评都会导致我们产生威胁感。我们可能会在新闻上看到竞争对手推出了一款出色的新产品时产生威胁感。看似矛盾的是，就连成功也会导致我们产生威胁意识，这是因为成功会推动我们走上更大的舞台，面对更大的挑战和风险。简而言之，生活本身已经够难了，想要在不触发威胁感的前提下实现一些价值，那就更难了。

在安全思维循环的第2个阶段，威胁意识会引发一种被神经学家称为"大脑皮层觉醒"的现象，这是一种不断强化的觉醒状态，会让人保持警惕和精神集中。当然，大脑皮层觉醒通常具有极高价值。比如，面对真实的威胁时，我们需要大脑皮层觉醒才能做出迅速、果断的决定。

但低水平的觉醒状态更有利于创造性思维。在低水平觉醒状态，大脑会将资源分配给众多神经和生理机能，比如消化、细胞修复、归档长期记忆，等等。大脑低水平觉醒时，人体所有认知系统正常运转，我们可以自由地让注意力转移到自己感兴趣的事情上，从而促进形成创造性思维。

第 1 章 挣脱生存模式，不打安全牌

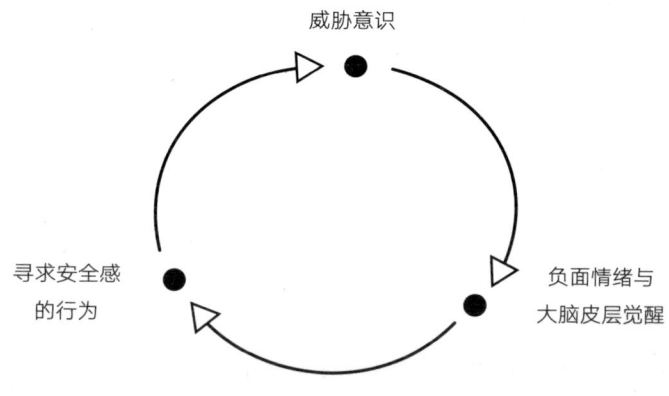

图 1-3 安全思维循环

托马斯·爱迪生巧妙地找到了一个控制极低水平觉醒状态从而激发创造力的方法。他会坐在椅子上小睡一会儿，手臂搭在两侧，两手分别拿着一个金属球。他还会在地板上摆上金属盘。随着大脑皮层觉醒程度越来越低、睡意越来越浓，爱迪生的大脑中会出现清醒状态下不存在的画面和创意。一旦睡着，他手中的金属球就会砸在金属盘上，及时唤醒爱迪生，让他可以记录刚刚想到的创意。爱迪生将自己的很多伟大发明的灵感来源都归功于这些如梦一般的画面。

面对一个让自己感受到威胁的挑战时，我们无法让大脑始终保持低水平的觉醒状态。人类的进化让我们形成了以高度觉醒状态应对外界事物的习惯，因为人类的祖先在面对很多威胁时，需要快速做出反应。这种反应可以追溯到人类在非洲大草原上经常需要面对大型掠食者的远古时代。想象一下自己在低水平的觉醒状态下走在路上，四处寻找食物的情景。因为不具有紧迫性，你可以从容地四处查看，慢悠悠地到处寻找。可当一只掠食性动物突然出现在面前时，你的大脑觉醒状态就会极速增强。皮质醇和肾上腺素这样的压力激素水平也会飙升，你的关注范围会随之缩小。身体也会停止任何不必要的动作，以便血液直接流向肌肉和视觉皮层，帮助你更清晰地看到威

胁。你的视线会集中在野兽身上，你会全神贯注，随时做出反应。神经学家已经证明，高水平的大脑皮层觉醒实际上会关闭大脑中的两个区域，而这两个区域对于我们思考未来的能力具有极为重要的作用。面对现实的死亡威胁，谁还需要把能量浪费在思考明天上？大脑告诉我们，只有搏斗和逃跑这两个选择。这就是大脑皮层觉醒可以让我们在面对生命危险时随时做出调整的原因。可在我们面对创造性挑战时，这种反应却站在了我们的对立面，阻碍我们考虑更多的选择。

让我们以工作中面临的新竞争性威胁为例，比如一项快速兴起的新技术。尽管我们知道甚至明确表示旧的操作方式不足以应对这种新挑战，我们也许和麦基一样，产生了"保持开放心态"的欲望，但大脑在冲我们嘶吼，让我们放弃各种选择，去实施可以带来安全感的行为。我们认为这样的短期解决方案可以化解威胁，减少焦虑。我们会发现自己在说，"我们试试上次有用的办法吧"或者"失控前赶紧解决问题"。我们告诉自己，一旦解除眼前的威胁，我们就能有更多的余地解决问题。

问题在于，我们在不知不觉中推动着觉醒和焦虑的循环不断重复。**采用旧方法应对新挑战，只会让我们面临更多威胁，从而导致更多的焦虑和更高水平的大脑皮层觉醒。**

心理学家罗伯特·耶基斯（Robert Yerkes）与约翰·多德森（John Dodson）的一系列研究让我们清晰地了解了"觉醒状态"与"行为效果"之间的关系，证明了上述循环的负面作用。如今获得广泛认可的耶基斯-多德森定律（Yerkes-Dodson Law）表明，一段时间内，觉醒状态与行为效果呈同步增长关系。觉醒状态可以激励我们做有难度的事情。可当正在解决的问题非常复杂或者我们不熟悉，只靠蛮力无法解决、需要发挥创造力时，觉醒状态和行为效果就不再呈正比关系。经过一个特定临界点后，觉醒程度越高，行为效果反而越差。约翰·麦基前面提到的难以在所有人冲他激动地喊叫时保持开放心态的状态,就是这个临界点。

约翰·麦基和观众说起全食超市遇到的难题时,高度觉醒状态不会对他解决问题起到任何帮助。拯救公司这个挑战并非"搏斗或逃跑"这样的物理威胁。假如没能引领全食超市走出困境,麦基会感到羞耻、遗憾,也会损失大量个人财富。但他不会挨饿,当然也不会死亡。问题在于,我们的身体在应对所有威胁时采用的都是同一运行机制,这也是我们在面对狮子攻击时的应对机制。

对于大脑来说,丢掉工作、丧失个人在世界中的位置,或者自尊受损,这些威胁和物理性的威胁不是看上去相似,而是完全等同。个中缘由同样可以追溯到远古时期。对我们的祖先来说,被部落流放后的死亡概率几乎和遇到狮子相当。心理学家迈克尔·威廉姆斯(Michael Williams)进行过一次与社会排斥有关的研究,几乎所有接受调查的人都表示,他们宁愿遭受身体上的折磨也不愿受到排斥,这大概就是原因。

这也解释了为什么约翰·麦基会在奥斯汀的观众面前提出,自己必须压制住缩小关注范围和迅速行动的强烈冲动,而是要保持开放心态、扩大选择范围。生理本能正在推动他游向安全海岸。他可以集中精力通过公关大战击退诋毁他的人,在不解决公司商业和运营模式固有问题的前提下消除眼前的威胁,但这只是权宜之计。麦基在演讲过程中确实偶尔会进入与诋毁者针锋相对的状态,似乎是在说服自己选择这条路。他也可以回归几十年前创立公司时采用的策略。很多与麦基有类似遭遇的人都会痴迷于他们从过去的成功或失败中吸取的经验教训。而麦基却在努力保持开放心态,接纳新的想法。

随着一小时的对话接近尾声,麦基明确表达了对抗本能的决心。"你想奔向安全地带,可如今的商业世界不存在安全地带。"他总结道。

当我走入得克萨斯州温暖的夜色之中时，我有一种预感，这个危机不会成为麦基人生故事中的决定性章节。实际上，当我在那天晚些时候和他见面聊天时，他告诉我他将要推出一个全新的全食超市的计划，那是一个降级的连锁品牌，专门面向没有能力在他的高档超市消费的客户群体。37年来，高价始终是麦基商业模式的核心，而他的新方法听起来既非渐进性变革，也不是以往熟悉的套路。

当然，麦基的故事并没有如专家预测的那样发展。我们聊天后不久，他推出了降级版的超市。可超市的利润增长压力，特别是来自活跃投资者的压力越来越大。2017年，亚马逊用137亿美元现金收购了全食超市，收购协议规定麦基继续担任全食超市的领导者。完成收购后，麦基对全食超市的发展前景非常乐观。"我们会彻底改变百货零售业。"他对我说。尽管持续的压力促使他选择了出售，但我从麦基的话中听出了他对一切新的可能性保持开放心态的不变决心，他不会固守任何已知的方法。

第 2 章

化恐惧为力量，
大胆思考

UNSAFE
THINKING

如何用好"不适感",打破安全思维循环?

第 2 章 化恐惧为力量，大胆思考

"致那些疯狂的人们。"演员理查德·德雷福斯（Richard Dreyfus）满含崇敬之情的声音响起时，屏幕上闪现出诸如毕加索、阿梅莉亚·埃尔哈特（Amelia Earhart）① 和"圣雄"甘地这些天才的面孔。他们是"不合群之人，是反叛者，是麻烦制造者……他们不喜欢规则，不尊重现状"。德雷福斯提醒我们："只有那些足够疯狂、认为自己能够改变世界的人，才能真正改变世界。"

苹果公司 1997 年的广告片《不同凡想》（Think Different）在充满诗意的 30 秒内完美总结了突破界限带来的愉悦与回报。创造性突破是属于一小部分精英群体的专属区域，他们天生就有打破规则、无视社会压力的倾向，这种观念乍看上去无懈可击。但大多数人不得不与焦虑和固定模式抗争，而这些天生的反叛者对普通人的这种挣扎一无所知。

然而，现实中反抗传统、惯例、习俗的行为，常常与我们的想象大相径庭。如果仔细观察甘地这个"疯子"的人生，我们很快就会发现，即便是这样一个看上去如此平和的人，也要时常面临与自我的对抗。甘地如今已成为

---

① 著名的美国女性飞行员和女权运动者，1937 年，她在尝试全球首次环球飞行时，神秘失踪，官方于 1939 年正式宣布阿梅莉亚遇难。——编者注

面对危险时保持勇敢的象征,可他也与"不合群"以及被人评判带来的恐惧感进行过艰难的抗争。甘地在自传中写道:"我曾经非常害羞,避免和任何人在一起。书本和课堂是我唯一的伴侣。"他甚至会从学校跑回家,只是因为"我无法跟任何人交谈""唯恐任何人开我玩笑"。

成年后,害羞的性格让甘地几乎无法正常生活。在他20多岁于英国学习法律期间,他加入了伦敦素食者协会,成为这个团体受人尊重的领袖。可即便是在那样一个小型公共舞台上,甘地也不得不经常中断自己的演讲,把要点交给同事,由同事完成剩余的演讲。这个后来领导过成千上万次游行、在众人面前完成振奋人心演讲的人在自传中写到,他从未真正摆脱焦虑。"出门拜访时,如果现场超过5个人,我就会变得迟钝,"甘地写道,"只要面对陌生的观众我就会感到迟疑,我会尽可能避免演讲。"

甘地始终不能真正放开地进行社交互动,但他逐渐将这种挣扎看作自身力量的重要来源。他写到,直面焦虑、督促自己进入让他不舒服的公共场所,是他日后将生命投入"对抗不公正"这一事业的基本训练。**尽管从未摆脱恐惧,但甘地对恐惧进行了重构,将其视作力量。随着年龄越来越大,他将曾经带给他巨大羞耻感的害羞视作他重要的财富。**甘地提到,他讲话迟疑和缓慢的特点,使自己几乎不会后悔说出的每一个字。他反思,这个特点正是他领导力的关键。

管理焦虑

面对从未探索过的全新领域时,每个人都会感到焦虑。重要的是如何对抗这样的焦虑。

开始寻找跳出安全思维循环的方法时,我本能地做出了一个看上去非常合理的假设：威胁意识的出现不可避免，可如果我们能学会不以焦虑去应对，我们就能打破这个循环。可就像廉价项链谜题的参与者那样，我很快意识到自己试图打破的是错误的链条。想阻止自己产生焦虑情绪，只会让自己变得更加焦虑。

心理学家将压抑负面情绪的行为称为"经验性回避"。人们耗费大量精力，试图掌握这个能力。但这种努力带来的结果却无比糟糕。经验性回避实际上具有加剧无用情绪的效果。

内华达大学研究经验性回避的心理学家史蒂夫·海斯（Steve Hayes）表示，经验性回避是让人极度困扰的天性。他写到，对于人体外部的情况，人类采用一种合理的策略来塑造世界，本质上就是"假如不喜欢，就想办法甩掉它、抛弃它"。可身体内部的情况却截然相反。海斯写道："如果不愿意拥有某物，最终你就会拥有某物。"从现实角度出发，这意味着如果你不想感受焦虑，那么你就会感受到更多的焦虑。此外，你的人生维度也会不断缩小，生活会受到越来越多的限制。

想寻找现实中的例子，我们可以回顾甘地吸引外界关注后内心纠结痛苦的故事。想象一下，假如他选择不进入可能诱发害羞情结的环境，他的生活会因此受限吗？事实上，他会受到不可估量的限制。让自己较少暴露在公共场合，他因为害羞导致的焦虑状态会减少吗？不会。具有讽刺意味的是，根据海斯的观点，如果因闭门不出导致无法展现自身潜力，他只会遭受更大的痛苦与折磨。

近些年来，其他研究者为海斯的论点提供了强有力的论证支持。有科学家招募了70名大学生参加一个实验，并告诉他们在实验中可能会感受到痛苦。一半的参与者被告知需要在接下来9分钟的实验进程中压抑自己的痛苦，而另一半参与者可以在实验过程中随时说出自己的感受。随后，实验参与者体验到了难以忍受的痛苦,每个参与者都要将手臂放入冰水中1分钟。与可以随时说出自身感受的小组成员相比,必须压抑自身感受的小组成员称自己遭受了更多的痛苦。那些试图不去感受焦虑的人不仅没能实现这个目标,反而在令人焦虑的事件出现时产生了恐惧这种更为糟糕的感受。难怪心理学家证明了"焦虑很糟糕"这种简单的想法会导致焦虑症和抑郁症。

那些对焦虑的本质进行研究的人告诉我们,与其回避或者对抗焦虑情绪,不如学会更自如地与这种不适感共处,进而缓解"战斗—逃跑"的冲动,这会让我们在面对挑战时可以做出更有创意的应对。**教会自己更自如地应对不适感,可以让我们拥有更多的机会改变习惯行为模式,打开无限新可能。**

那么要如何才能建立这样的容忍度呢?方法就是调整我们看待焦虑的方式。这是心理学中认知理论的核心观点。心理学家阿伦·贝克(Aaron Beck)是这个理论发展的先锋人物,他表示,人们可以学会管理焦虑,并且通过他称之为"认知重构"的方法来突破这个越来越强化的循环。认知重构会训练我们从积极而非消极的角度,思考我们感受到的焦虑以及面临的状况。甘地的人生就是这个方法的最好例证。

害羞是甘地人生成功之路上最大的敌人,在伦敦无比孤独、缺乏人生方向的他回到了祖国印度,很不情愿地做起了律师。不出意料,恐惧跟随他跨越大洋,跟他一起进入了法庭。

甘地经手的第一个案子是一个小额诉讼案件,案情非常明了,标的只有10英镑,甘地坚信自己能赢。可当他站起来准备向对方证人进行交叉询问时,甘地回忆道:"我的心仿佛沉入了海底。我头晕目眩,感觉整个法庭都在转动。我的大脑一片空白,想不出任何问题。"甘地绝望地看向四周寻求帮助,可就像身在噩梦中一样,他听到旁听者和法官的笑声。"我坐下来对法庭工作人员说,我代理不了这个案子了。"

第 2 章　化恐惧为力量，大胆思考

事业失败、面临抚养妻子和两个孩子的生活压力，再加上被心魔所困，年轻的甘地律师再次选择了逃跑。这一次，他接受了南非的一份看上去与他完美匹配的工作。那里和见证了他出丑的律师、法官相隔一个大洋。新工作听起来似乎不需要任何特别技能，他只要稍加努力就能做好。可甘地又一次受到了冲击。抵达南非的达达·阿卜杜拉（Dada Abdulla）律师事务所后，他立刻就遇到了一个复杂的金融案件，只有深入了解会计知识的人才能解决，而甘地对此一无所知。甘地的思维又一次停滞了。可据他的传记作家和朋友艾内斯·艾斯华伦（Eknath Easwaran）回忆，再次逃跑前，年轻的甘地突然明白了一个道理："每次逃避过去的失败时，无论跑到哪里，同样的局面总是会再次出现，而且情况会越来越糟。"艾斯华伦写道。这就好像安全思维循环在甘地的脑中突然变得清晰起来，有了这种想法，他就产生了打破循环的欲望。

这一次，甘地全身心投入，开始学习会计知识。他深入挖掘案件的每一个复杂细节，很快就成为相关领域的专家。最终，甘地使案件达成了双方都很满意的结果，而双方当事人都把他当成智者一般依赖。甘地感受到了自身的力量，发现了他所说的"成功的秘诀"。"他开始把每一个困难都看作服务的机会，"艾斯华伦解释道，"每一个挑战都能让他发掘出更多的智慧与想象力。"

通过上述案例，甘地开始将挑战视作成长的机会。后来发生的一个关键事件，让甘地完成了成长为风险思维者、行动者和杰出人物的进化。甘地被雇主派到南非另一端出差，他购买的是头等车厢的火车票，可在彼得马里茨堡这个山城发生的事却让他感到震惊：一个白人乘客抱怨棕色皮肤、身材瘦小的他坐进了错误的车厢。甘地的车票上写的是头等车厢，可按照法律规定，他无权购买这样的车票。列车长让他离开座位，对此表示抗议的甘地最终被粗暴地赶下了火车，被迫睡在空无一人的车站里。那天晚上的气温极低，甘地既没有大衣也没有行李，这些东西都在那列离他而去的火车上。

在这个漫长而寒冷的夜晚，甘地与恐惧针锋相对。甘地想，他要么再次逃离一个蔑视自己的国家，要么做出反击。甘地提醒自己，每次逃避不适的感觉最终迎来的都是失败，唯一一次带着好奇与希望直面不适的感觉时，他却取得了成功。甘地将自己在火车站的这个顿悟瞬间称为人生"最具创造力的时刻"；他没有把痛苦的感受看作威胁，而是看作让自己变得更强的机会，他在心里开辟了一个能让自己平静、开放的空间。他由此设计出了"不合作主义"（Satyagraha），这是非暴力不合作运动的基本原则，并为印度独立奠定了基础。

仅仅几个月时间，甘地开始领导南非的印度裔居民举行游行示威，对种族歧视的法律提出抗议。很快，他得到了与时任殖民地总督扬·史末资将军（Jan Smuts）见面的机会。"我是来告诉你，我会反抗你的管理。"甘地平静而坚定地说道。"你是说，你来见我就是为说这句话？"一脸不可思议的史末资问道，"你还有其他要说的吗？""有，"甘地回答，"我会取得胜利，在你的帮助下。"

这些话出自一个几年前甚至无法在小额诉讼案件中询问对方证人的律师，而这一次他所面对的，是个人无法抗衡的权势。甘地的话语胆大至极，可这一切都成真了：他确实赢了，而且得到了史末资的帮助。

不适感是一种积极信号

我们如何才能像甘地那样，在心里开辟出一个空间，让自己更积极地对待创造性挑战呢？认知心理学告诉我们，意识到自身存在自发的情绪反应，训练自己接受这样的感觉而不是想办法回避，这个简单的方法可以起到惊人的效果。也许普通人认为甘地是一个无法模仿的楷模，可在学习把焦虑当作成长向导的问题上，他绝不是孤立的案例。我遇到的很多风险思维者都有打破自身思维定式、直面不适感的经历。

迈卡·怀特（Micah White）就是这样的人。他反抗的对象包括政客、警察，甚至还有与他政见相同的主流政治运动机构。他曾经发起过校园抗议活动，也上过战场。还记得"占领华尔街"运动吗？这是怀特在《广告克星》（Adbusters）杂志工作期间协助发起的运动。这个运动的名称就是他提出的，最初的抗议者也是由他负责召集的。

怀特遵循一个非常简单的理念：同一个策略绝不要使用两次。他认为新奇与出其不意才可以将公众吸引到街头，让媒体保持兴趣，也能让警察不知所措。即便如此，他同样也会面对安全思维循环设置的陷阱。

"我一向焦虑。"怀特向我坦承。他描述了自己每次将一个观念推向世界时不断与怀疑和不确定性角力的情形："可想要成功的话，我必须重新解读这些感受的意义。"

怀特发誓绝不重复使用同一个反抗策略，他决不允许自己陷入过去成功带来的舒适感。他需要不断思考有创意、有风险的想法。这些年来，重新解构焦虑情绪让他明白了一个关键问题，这也是他的灵感源源不断出现的原因。"我意识到，就在你想出一个特别好的主意前，你会有不舒服的感觉，"他说，"我把这种不适感看作积极信号。"

凭借这种情绪解构方式，怀特得以突破安全思维的循环。焦虑本身无法避免，我们也知道，一旦焦虑情绪触发大脑皮层觉醒，那么我们在寻找创造性解决方案时从生理角度已经处于极大的劣势了。可如果我们愿意接受一定程度的不适感，知道这是未来获得成长的必要信号，我们就能感知到大脑皮层的觉醒，留出一段时间或者一天来让这种感觉自然消失，重新掌握自身行为的控制权。

在怀特的重新定义下,焦虑变成了一种有价值的情绪,因为焦虑的出现意味着他已经突破了已得到证实的死板真理设定的边界。但他并没有一味地忍受这种不适感,而是学会将这种不适感用作激发创意的动力。当"占领华尔街"运动没能实现任何目标便失败时,这种重新解构情绪的做法对怀特起到了特别大的帮助作用。他没有责怪他人,也没有丢下这个运动,而是立刻研究失败的原因,从他口中的"建设性失败"中吸取教训,为下一次反抗运动积累经验。

我在后续章节里提出的观点与方法将极具挑战。它们会带来不舒服的感觉,一些人难免会选择站在安全距离之外学习这些方法,只是将它们看作有趣的想法,而不是真正当成行动指南。可只要有勇气,对焦虑抱有开放而非逃避的心态,我们就能学会掌控不适感,改变长久以来固化的思维模式。**向自我发出挑战时,我们要做的第一步,就是挑战内心深处所谓的专家,重获初学者心态带来的优势。**

UNSAFE THINKING

打破常规的创新策略 1:
保持勇气,商业世界没有安全地带

● 寻求大脑低水平觉醒状态

即使在危机时刻,我们也需要放松一下,摆脱刻板的思维方式,去探索新的可能。托马斯·爱迪生甚至发明了一种两手拿球、地上摆放金属盘的方法来防止自己从神游转为睡眠状态,以便捕捉在似睡非睡状态下产生的灵感。

面对激烈的冲突状态,如何才能退后一步,即便只有一瞬间?是

5 分钟的冥想，是冲个热水澡，还是出门散步？这些方法都能减轻大脑皮层的觉醒状态，打开更多创造性可能。

接受"焦虑是必然"的现实

还记得那些试图压抑自己的疼痛感的学生吗？他们反而感受到了更强烈的疼痛。试图靠蛮力直接对抗不适感，或者逃避可能诱发不适的局面，这些做法只会让你更加焦虑。和甘地一样，只有将困难看作深入发掘自身智慧与潜力的机会，我们才能获得解决问题的能力。

寻找能够推动自己走出舒适区的事件。在体验过程中，关注自己的感受。通过谨慎观察自身的回应，你就会发现这些体验比以往那些熟悉的、舒适的体验更加有价值，也更加令人愉快。

将恐惧重新定义为创造力的动力

"占领华尔街"运动的联合发起人迈卡·怀特说："我意识到，就在你想出一个特别好的主意前，你会有不舒服的感觉。我把这种不适感看作积极信号。"如何解读自身的感觉是重中之重。

感到恐惧时，提醒自己，你可能正站在创造性突破的边界线上。这不是主观想象，这是科学。

UNSAFE THINKING

HOW TO BE NIMBLE AND BOLD WHEN YOU NEED IT MOST

第 2 部分

策略 2，
让持续的困难与挑战成为动力的来源

UNSAFE THINKING

持续的困难与挑战并不是动力杀手，而是让动力维持在高水平状态和保持风险思维的关键要素。当挑战的难度略微超过技能水平可以应对的程度时，心流就会不断涌现，而心流是内在动力的重要来源。

第 3 章

内在动力重要，
外在动力也重要

? 如何赋能
自己和他人,
才能让我们持续领先?

第 3 章　内在动力重要，外在动力也重要

　　2000 年 11 月 8 日，朱莉·温赖特的丈夫凌晨 4 点叫醒她，说他再也无法承受和她一起生活的巨大压力，他想离婚。对温赖特来说，这个消息只是个开始，接下来的一整天她都会在心碎中度过。她走出家门，开车去了办公室。在那里，她开始着手解雇手下超过 100 名员工，关闭了从创立时就细心呵护、一年前价值还高达 3.3 亿美元的公司。温赖特个人的 1000 万美元财富一夜蒸发，连同她的个人名誉和婚姻，一起烟消云散。

　　尽管同一年大量互联网公司接连关门歇业的现实，让这个打击显得不那么沉重，但在温赖特这里，局势显得特别糟糕。温赖特的公司已经是互联网过度发展的典型代表，如今，当整个行业出现更大范围的崩溃时，她的公司毫无疑问将成为媒体集中嘲讽的对象。温赖特的公司确实在过去 20 个月里亏损了 1.47 亿美元，但这种情况在互联网经济泡沫破裂的时期并不少见。因为曾经的一个广告，很多人对温赖特的失败幸灾乐祸。1999 年，她的 Pets.com 花了几百万美元在超级碗比赛期间投放了一个广告，广告里有一个记者形象的布袋木偶狗，它质量低劣，态度又招人讨厌。这个记者狗成为硅谷那些不守常规、只关注年轻人、缺乏敬畏之心的公司的象征，而这些公司在互联网经济泡沫破裂时纷纷原形毕露。在接下来的几天里，温赖特不得不打电话报警，才能赶走聚集到家门口的媒体记者。

这充满伤痛的一天发生在温赖特 42 岁那年。她的母亲也是在 42 岁时出现了多发性硬化症,大脑功能受到了损害,最终在经历了 20 年的痛苦后去世了。温赖特说,正是目睹了母亲在生活中受到的诸多限制,她才那么努力,想要在商业上取得成功。"我一定要发挥自己的最大潜能,尽力过上最美好的生活。"她曾这样说过。可随着 Pets.com 变成"硅谷最大的笑话""科技史上最大的失败",温赖特似乎开始滑向自己的"死亡谷"。

她对《圣何塞水星新闻》(*San Jose's Mercury News*)说:"我觉得自己昏昏沉沉,感受不到快乐,感情被彻底抽空。"

2017 年,我在一个截然不同的环境下遇到了温赖特。如今,她管理着一家知名度远小于 Pets.com 但更加成功的公司。"真实奢侈品"(The Real Real)是一家经营奢侈品寄售网站的公司。用户将不想要的裙子、手提包、鞋和珠宝寄到公司,公司经过认证、估价后在网站上挂牌出售。温赖特承认,并非所有人都能理解她开创的利基市场①。

"之前有人问我'你的网上服装店怎么样了?'我回答,'你是说我价值 5 亿美元的网上服装店吗?'"温赖特笑道。确实,真实奢侈品公司去年已经创造了 5 亿美元的交易额,这家公司如今的估值已经超过 20 亿美元。

当我开始研究持续跳出常规操作流程所需的动力和能量来源时,我找到了温赖特。我想要寻找真实的案例。人们究竟在哪里寻找动力帮助自己完成创造过程,还能在经历这个过程中不可避免的失败时重新振作起来,我希望能找到这样的实例。

---

① 利基市场(Niche Market)国内译法较多,也有翻译为缝隙市场,指的是被优势企业忽视的细分市场。——译者注

第 3 章 内在动力重要，外在动力也重要

当然，总的来说，成功的企业家普遍拥有接受失败并卷土重来的能力。 可因为 Pets.com 当年出现了如此惊人的失败，我渴望与温赖特交流，去了解她是如何重回公众视野，如何面对一群曾经近距离见证她受到羞辱、如今要再一次见证她进行高风险创业的投资人。是自尊心推动她重塑个人声誉吗？还是她渴望拿回失去的财富？抑或她对商业游戏的热爱无法断绝？

我发现，温赖特从上述所有动力来源中均获得了能量。此外，她的动力还包括打造一个可供传承的遗产，创建一家价值巨大的公司，通过让有价值的商品循环利用减少垃圾，证明女性也能成为成功的商人，以及体验愉快的创造过程。在我们的对话中，只要提到以上任意一个动力，她都会偏离主题，热情地讲述这个动力对自己的重要意义。温赖特说自己"贪得无厌"地渴望一切动力。

Pets.com 倒闭后的一年时间，温赖特远离了公众视野。随后，她逐渐开始重新创业。几年内，她创设了一个互联网知识分享工具，但很快销声匿迹，尽管这也可能是一个灾难性的挫败，但影响力远比不上 Pets.com 的公开崩溃。有一天，温赖特陪一个有钱的朋友走进了加州马林县的一家高档精品店。她的朋友径直走向了寄售商品展示区。最初，温赖特感到困惑。为什么有人想要二手货？但当她看到朋友看中的商品后，她立刻就明白了，这些经受住时间考验的高端商品才是整间商店里最漂亮的东西。她的大脑立刻开始转动。她想知道，为什么要在一个没人看得见的角落里卖这些东西？为什么商店就像守护一个肮脏的秘密一样对待卖二手商品的行为？

"那时候我就知道，我要做大事了。"她对我说。温赖特意识到，人们可以在 eBay 上买卖二手用品，可有谁愿意花 5000 美元买回一个可能是冒牌货的东西？ eBay 不具备认证能力，也不想涉足这个领域。温赖特在这个被人遗忘的网上市场空间中看到了无法抗拒的机会。

温赖特说，寻找并探索利基市场带给她的乐趣，压过了重新进入公众视野和进入市场竞争带给她的恐惧。对于创业，她的评价是"极具创意，又极度需要分析的事，我觉得这是最迷人的事情之一，有太多乐趣"。温赖特还说，在创建公司的过程中不断学习新知识也让她感到无比快乐。这些正是特雷莎·阿马比尔所说的那种对创造力的产生具有重要意义的动力，即解决问题这个行动本身就是回报。对创造力来说，这样的动力不可或缺。

不过在温赖特心中，这种对创造和创业的热爱与其他更注重回报而非努力过程的动力，在重要性上并没有高低之分。"很少有女性能够成为价值数十亿美元公司的掌门人。"她指出，"从零开始，一路上掌控全局，这是完全不同的事。"显然，她想有这样的经历。温赖特坚称，她不是为了让经历过Pets.com时代的批评者闭嘴，但她显然想过要在历史上留下自己的印记，要得到应有的赞誉。她说："我希望这家公司能一直坚持下去。"当我问她原因时，她回答道："因为它配得上一个生存空间。"仔细体会她的话中之意，我认为她在说，她配得上一块立足之地。看着她从令人心碎的失败中涅槃重生，我相信她不达目的誓不罢休。

与温赖特见面时，我很熟悉有关"动力"的主流观点。我相信读者们也听过不同形式的说法。这些观点告诉我们，要想拥有足够的能量承受特立独行的风险，并且在失败后重新振作起来，我们的动力必须首要来源于对所做工作的热情，或者像心理学家说的那样，我们必须具有内在动力。提到内在动力，人们会联想到大师级工匠、尽心尽职的教师或者天马行空的艺术家。同样地，公众普遍认为那些关注金钱、名誉和影响力这些外在动力的人在遇到挫折时就会举旗投降。因此，我们似乎必须找到一个持久的内在动力来源，才能不断运用风险思维。可事情真的这么简单吗？

上述说法并非空穴来风。特雷莎·阿马比尔通过证明提供奖励时孩子们反而会丧失创造优势这一现象，震惊了整个创造力研究领域。此外，我们还能找到更多证据。伦敦经济学院对 51 家采用绩效计薪方式的公司进行了研究，他们发现奖金实际上会降低员工的效率。艺术家接受客户付费委托创作的作品，其艺术性远低于他们自主创作的作品。公众由此形成了以下普遍认知：内在动力好，外在动力不好。

尽管大量研究一边倒地支持上述观点，但我认为这种说法会让人产生无力感，也与现实中的实际情况脱节。按照这种理论，不辞掉工作跑到喜马拉雅山静修，我们怎么可能获得真正纯粹的内在动力？像温赖特那样既热爱工作又渴望获得认可和财富的人，他们不也做了很多伟大的事吗？总的来说，大多数伟大的作品并不是由关在工作室里不出门、不关心外界意见、不食人间烟火的艺术家完成的。尽管内心中对工作的热爱为牛顿和达尔文这样的天才提供了强大的动力，但他们也同样关注同行和公众的批评与赞美。与此类似，在对待自身影响力以及日常工作的问题上，我认识的所有企业家都对这两者保持着至少同等的关注。

我一直在思考，难道普通人不是一直在内在动力和外在动力间反复切换吗？若真如此，我们是不是能找到将两种动力结合在一起发挥其最大作用、帮助自己保持风险思维的方法呢？

最近的科学研究为我们提供了强有力的答案。当然，有时过于关注回报可能会带来致命的结果。但世界上确实存在将内在动力与外在动力整合在一起的好方法，来帮助我们获得更多的能量、拥有更大的决心，去应对各种高难度的挑战。

内在动力与外在动力

今天的理所当然，放在昨天可能就是异端邪说，"动力"这个问题便是如此。在内在动力被视作黄金准则前，人们认为这个东西根本不存在。

早在1949年，哈里·哈洛（Harry Harlow）担任威斯康星大学灵长类动物行为实验室的负责人时，他的课题是研究猴子的学习模式。和那个年代的其他人一样，他认同主流行为主义理论中有关动力的说法。

按照上述理论，当动物得到能帮助它们生存并发展的东西，比如食物、性和同类的保护等时，它们大脑里的奖赏中枢就会让它们产生愉快的感觉。它们采取行动是为了尽可能多地赢得这些事物，当它们获得成功时，大脑会分泌出多巴胺这样的化学物质。人类作为大脑发达的动物，在这个问题上也不例外。我们做的一切，都是为了食物、性和安全感。所以人为什么会工作呢？很简单，为了挣钱，为了获得名望，进而获得食物、伴侣和安全感。无论是艺术家还是会计师均适用于这个原理。我们所追求的，最终都可以归结为生存必需的回报。老鼠在迷宫中奔跑，猴子按下按钮，人类玩游戏机、创作音乐、制造新产品，所有这一切都是为了一点点多巴胺。这只是一种类型的动力，也就是外在动力。

哈洛从没想过质疑这种观点，所以当他为笼子里的8只恒河猴设计了一个"三步谜题"时，他预期这些猴子会为了争取奖励而试着解题，但他最初并没有提供任何奖励。猴子们面对的是一道新题，它们需要一定程度的深度思维才能解答。按照行为主义学派的理论，假如猴子将大量精力花费在解答问题上后却没能得到任何回报，它们就不会有动力再次做出尝试。

但猴子们做出了不同的回应。它们捣鼓了半天，终于解开了谜题。接着，就像痴迷于魔方的孩子一样，它们一遍又一遍地解答这个谜题，不断提高解题的速度和技巧。看起来，猴子们真的很享受解题的过程。

颇感惊讶的哈洛开始思考，这个过程中是否存在其他类型的动力，他率先将这种动力称为"内在动力"。哈洛提出一个假设,也许一个难题带来的快乐和挑战为猴子们提供了动力。

随着猴子的解题能力越来越强,哈洛认为可以通过增加一个经典的外在动力,来进一步提高它们的学习能力。这次,他拿出了葡萄干。两种类型的动力可以结合在一起吗?可惜,答案是否定的。用葡萄干做奖励,猴子的解题能力反而出现了下滑。它们犯下了更多错误,也失去了解题的兴趣。看来,当猴子正在参与一个本质上有趣的活动时,再给它们提供奖励,它们的投入程度就会降低。

哈洛的实验只是第一步,日后的众多研究彻底撼动了人们对动力理论的理解。接下来的几十年时间,随着研究人员以人类为实验对象去证明哈洛的理论,一个又一个实验结果均指向了一个违反人类直觉的结论,也就是说,**除最机械的工作外,人们在有回报和奖励的情况下反而会变得不那么专注、不那么高效,也不那么努力。**

这些实验结果发表后,心理学家的态度出现了180°大转弯,他们认可了内在动力不仅存在,而且其作用通常强于外在动力。但几十年后的今天,我们仍然没有吸取这些心理学家当年的经验教训。为了提高业绩,管理人员总是督促员工追逐成功的外部标准,但在这个过程中,员工的动力和创造力通常会消磨殆尽。在最糟糕的情况下,过于关注外在动力会催生逆向动力,导致无法实现最初的目标。

当动力遭到扭曲时

2001年后,美国联邦政府制定的《不让一个孩子掉队法案》(*No Child Left Behind Act*)对美国教育者的激励措施做出了全面修改。法案的目标是提高所有学生的素质，学校因此需要不断接受标准化考试。这些考试的成功与否成为判断一名教师是否优秀、甚至一所学校能否继续开办的决定性因素。

佐治亚州亚特兰大学区尤其严格执行这套标准，城市里各个学校的考试分数也开始提高。尽管亚特兰大学区被奉为成功典范，老师和校长们却发现他们在成绩问题上面临着越来越大的压力。如果一所学校某年的分数提高了，那么第 2 年外界的预期只会变得更高。没达到指标的校长通常面临被开除的风险，而他们会向下传导这种压力。一名校长甚至在教职工大会上强迫一名没能提高学生成绩的老师在桌子下爬行，以儆效尤。

就像几颗葡萄干毁掉了哈洛实验中的猴子的解题动力一样，一系列外在动力让亚特兰大的教育者不再真正关注学生的学习。2009 年，教育系统爆发了大丑闻。亚特兰大的 56 所学校中，有 44 所在标准化考试中作弊。作弊的不是学生，而是老师和管理者。一群老师偷偷进入佐治亚州考试协调员办公室，偷走考卷后来到"纠错派对"，成年人在那里小心翼翼地修改学生的错误答案。老师在安排座位时，故意把成绩差的学生安排在优秀学生身边，隐晦地暗示考试时可以偷看。他们的做法相当隐晦，又相当完善，以至于长达 5 年时间都没人意识到这个存在几百名共犯的丑闻，直到一朝案发。一些老师甚至进了监狱。

设定并强化外部目标的巨大吸引力，使我们总是忘记其中的隐患。即便爆发了亚特兰大丑闻，教育改革者关注的仍然是考试。佐治亚州教育职业者协会发言人蒂姆·卡拉汉（Tim Callahan）提出警告，教师的自然内在动力仍在遭受系统性的破坏。"教师们最优秀的特质，他们的幽默、他们对一个学科的热爱、他们的兴奋与激情以及他们对学生本人的关注都没有得到尊重和重视，"卡拉汉在接受《纽约客》（The New Yorker）采访时表示，"因为这些特质是无法用数字衡量的。"

大多数老师带着强烈的内在动力选择了这份职业。在亚特兰大公立学校的案例中，**一个用数字和指标奖励、哄骗并威胁教师的文化不仅损害了他们天生的内在动力，而且催生了一种绝望的反社会行为，几乎毁灭了整个教育系统**。这个案例警示我们，对于一份让人真心热爱的事业，如果过多关注外在动力，将会导致怎样的悲剧后果。

创造具有神奇力量的动力

我们可以找到很多与外在动力有关的负面案例，但在这个问题上，主流观点存在一个重要缺失。那就是，很少有人讨论为什么会这样。当然，亚特兰大公立学校是一个极端案例，他们将热爱教育这一内在动力全部替换为外部的数字和指标。可如果获得葡萄干具有激励作用，解开谜题也有激励作用，为什么不同类型的动力不能和谐共处呢？为什么在做一件事时，外在的回报总会抵消内在的热情？很长一段时间里，科学都无法给出明确的回答。接着，一项具有里程碑意义的研究给出了一个解释，从而打开了一扇大门，帮助我们从更广泛的角度理解动力，也为我们了解像温赖特这样的人如何从各种类型的动力来源中获取能量提供了线索。归结起来，就是要意识到并有意识地掌控动力。

这项研究由 3 名研究人员完成，他们想知道人们能否对外在动力的消极作用产生预防心理。到目前为止，在与动力有关的实验中，作为实验对象的人和实验室中的小白鼠没有本质区别，都在不知不觉间成了实验的牺牲品。如果教给他们一些与动力相关的信息，让他们在面对激励因素时拥有更强的控制力，这会带来什么样的结果呢？正如猴子让哈洛感到惊讶一样，68 名小学生也给 3 名研究人员带去了惊喜。

实验者将小学生分为两组。一组会接受以短视频形式出现的"动力疫苗",接着会有一名诱导者与他们进行讨论。视频中是一名11岁的男孩与一个成年人的对话,成年人问他在学校里最喜欢的课程是什么。"我喜欢社会研究。"汤米回答道,"我喜欢了解住在世界上不同地方的人是怎么生活的。因为能做很多课题和报告,所以我觉得很有意思……每次有了好的想法,我都会很开心。"汤米正在用任何人都能理解的方式解释受到内在动力驱动的感觉。接下来,成年人问了他的成绩,以及表现良好时家长会给他什么奖励。"呃,我喜欢拿到好成绩,每次带着好成绩回家,父母都会给我钱。但这不是最重要的。我喜欢学各种各样的知识……我很努力,是因为我喜欢。"看过这段视频,并且谈论了自己的感受后,这组孩子加入了没有打过这种"预防针"的其他孩子中,所有人受邀讲一个有创意的故事。不过,一半的孩子讲完故事可以得到奖励,另一半没有奖励。

预防起到作用了吗?如预期的那样,没有看过视频但得到奖励的孩子讲出的故事都相对缺乏创意。外在动力扼杀了他们心中的驱动力。可在那些事前对"动力"有了一定了解的孩子中,奖励不仅没有伤害他们,反而让他们表现得更为优秀。接受了训练又得到奖励的孩子是最有创意的一个群体。这个案例中过于简化的课堂教学视频可能不适用于成年人,但让他们了解不同类型的动力并与周围人进行讨论,这种做法对任何人都能产生效果。

这个研究具有重要意义,因为它不仅实现了保护孩子免受外在动力伤害的目标,同时还在提升创造力的问题上出人意料地提供了更多重要信息。在两种类型的动力无法和谐共处这个令人费解的问题上,这个研究为我们带来了新的启示。

研究人员总结到,如果提供奖励的方式像老板和社会通常施加的外在动力那样让人产生被操纵、被强迫和被控制的感觉,我们就会和亚特兰大的老师一样失去动力。我们觉得自己是被别人操控的棋子,要么放弃,要么会做效果相反的事。可当我们了解了两种类型的动力,回报也以更为公开坦率的方式而不是操控的方式呈现时，我们就能自主选择以怎样的态度面对回报。我们会将这些回报看作更有趣、更值得享受的奖励，而不是用来控制我们的工具。在这种情况下，外部回报只会强化我们的内在动力。

把奖励看作创造力"杀手"的传统观点会让管理者、家长和教练面对员工、孩子和队员时，难以找到合适的工具让他们保持高水平的创造性表现，它迫使每个人只能祈祷自己对工作的热爱足够支撑他们完成一份工作。然而，只要足够聪明，且确立了热爱一份事业这个基础，我们就能合理利用自己对金钱、名誉、地位或自由的渴望，获得更多的动力。阿马比尔用"动力协同"（Motivational Synergy）的概念来描述内在动力与外在动力的结合，在此作用下，我们可以让自己及他人获得更多能量和驱动力，而不是消磨它们。

举个例子，肯定创造力价值的外部奖励因素，比如，给予更多的创造性时间对内在动力可以起到现金奖励达不到的激发作用。金融软件巨头财捷公司（Intuit）采用"非结构化时间"来奖励最顶尖的创新者。在财捷公司，只要有出色的工作表现，你就会拥有大量时间去探索并实践自己的兴趣爱好。团队成员间的友好竞争、不足以干扰内在热情的小额奖励，这些做法在激励员工方面都能达到相当好的效果。如果员工自己能够决定奖金的分配方式，那么现金奖励也能起到积极作用，接受奖金的人会将现金看作出色完成工作后自我赋予的奖励。

我们可以得出一个重要结论，假如工作能让我们产生内在动力，只要能理解并控制动力，我们就可以充分利用金钱、名誉、地位或自由的诱惑，让自己获得更多的动力。葡萄干很好吃，可如果得到葡萄干让我们觉得自己变成了实验室里的动物，葡萄干就会失去吸引力。

不同的阶段需要不同的动力

尽管发现了将内在动力与外在动力相结合这一概念让我很开心，但我还是对我眼中的"费解问题"很感兴趣。即便是世界上最重要的工作，也不能从头到尾持续不断地为一个人提供内在动力。找出问题、天马行空地寻找创意，这都属于工作的早期阶段，通常能让人身心愉悦。调整修改、完善、分析数据、移除障碍，这些烦琐的工作通常会占用更多时间，其中一些工作也无法让人产生愉快的感觉。我们该如何面对创造过程的不同阶段呢？

喜剧天才、英国巨蟒剧团（Monty Python）的联合创始人约翰·克利斯（John Cleese）为我们在工作的不同阶段如何利用不同类型的动力提供了一份非常有效的指南。

克利斯表示，要想在创意工作上取得成功，我们就需要"开"和"关"这两种不同的工作模式。

"开的模式是放松、开放、目的性较低的状态，我们在这种状态下的思考能力会更强，能创作出世界观更为宏大的幽默作品。因此，趣味性也就更强。"他在更为宽泛地谈论创造力时这样解释道，"我们没有迅速完成特定工作的压力，我们可以玩闹。这会让我们天生的创造力浮出水面。"

克利斯很称赞开的模式，他会尽可能长时间地在这种模式中享受乐趣。但他表示，相反的模式也有着非常重要的作用。在关的模式中，"我们心里有种感觉，知道有很多事要做，知道要想挺过这段时间就必须立刻去工作……在这个模式中，不只对自己，我们对谁都不怎么有耐心。我们会变得紧张，找不到多少幽默感。在这个模式中，我们会很注重结果，我们会感到压力巨大，甚至会变得疯狂，却没有任何创造力。"在创造过程的艰苦阶段，我们通常需要关的模式。

研究显示，当我们寻找问题或头脑风暴解决方案时，由于创造过程的这些阶段需要开的模式，最好不要用外部激励去分散注意力，以免降低内在愉悦感所起到的动力作用。我们需要尽可能地将奖励、最后期限，以及对竞争的关注与自己及团队隔离开。

但在很难让人产生愉悦的关的模式中，一定程度的外在动力将会起到巨大作用。随着执行工作进入拉锯阶段，创造的愉悦感逐渐消失，合适且有趣的奖励可以让一个人甚至一个团队重新燃起希望之火。

克利斯的开关模式理论非常有用，我们可以以此关注自身处于创造性进程的哪个阶段，从而确定究竟是该留出时间让自己去探索和学习那些能让人产生满足感的事物，还是应该用外在动力、用甜美好吃的葡萄干刺激自己和团队继续前进。我们需要不断对动力组合进行调整，适应特定时间段的需求。做到这一点，我们就能有意识地关注那些能对工作带来掌控感和兴奋感的动力。

当我第一次坐下来和朱莉·温赖特交流时，她说她只有半小时时间（实际上我们聊了很久），所以我决定直奔主题。"我想聊一聊动力，"我对她说，"我看过的研究都说，如果你热爱一份工作，成功就会变得容易很多。"

"那是胡扯，"还没等我说出下一句话，她就这样说道，"要热爱自己做的事，这话没错。可即使心怀热爱，取得成功还是很难，每天都很艰难。成功从来不会变得容易。"

她的话给我留下了深刻印象，让我意识到了动力协同理论无法解决的几个疑问。在始终艰难的追求成功的过程中，我们可以一直坚持内心的热爱并始终从中获得内在动力吗？到了最后，我们不都是在追求精通、熟练地掌控我们的工作吗？尽管温赖特说她有"克服困难的强烈需求"，但持续不断的挑战难道不会彻底耗光那些不够执着的人的全部热情吗？后来我终于明白，**持续的困难与挑战并不是动力杀手，而是让动力维持在高水平状态和保持风险思维的关键要素**。接下来，我们将了解如何在不让生活陷入乏味、不让人生变得绝望的前提下，让自己始终面对挑战。

第 4 章

热爱我们面临的
困难与挑战

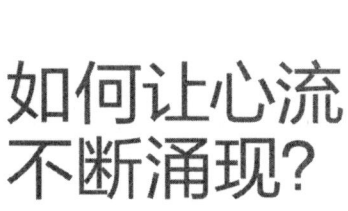

如何让心流
不断涌现？

第 4 章 热爱我们面临的困难与挑战

卡姆·麦克利（Cam McLeay）启动了充气小船的发动机，驶入尼罗河的一条支流。这是一艘操控性能极为出色的小船，人称"快猫"（Zap Cat）。河面异常平静，只能听到微风吹拂芦苇的声音。突然间，距离船头正前方约 6 米处的水面上出现了一条鳄鱼。这条鳄鱼身长至少 4.5 米，这种尺寸的鳄鱼可以轻松掀翻小船。

麦克利刚好有足够的时间调转船头，但在手摸到舵轮的一瞬间，他设想了一下小船在半转弯状态下与快速奔袭的掠食者相遇的情形。情况看起来很不妙。抗拒了本能反应后，麦克利稳住舵轮、踩下油门，径直向鳄鱼冲了过去。这个举动与麦克利在此前那一刻的想法大相径庭。小船的发动机发出轰鸣声，受惊的鳄鱼重新潜入水下。船体下方外悬的发动机叶片擦到了鳄鱼的身体，小船开始晃动，但它依然在疾速前行。不一会儿，鳄鱼在 9 米开外的地方重新浮出水面。它盯着小船，仿佛在盘算下一轮攻击，但它很快就游走了。

那天晚上，麦克利在日记中记下了这个事件，而这只是他在驾船追溯尼罗河源头之旅时众多可怕的意外事件之一。麦克利和他的 3 名搭档计划驾船航行尼罗河流域，他们从尼罗河在地中海的入海口出发，上溯到其位于非洲中部的最深源头，他们想要成为地球上第一个完整绘制出尼罗河流域图的组合。从古埃及时代起，人们就已经开始尝试这一壮举，但从未有人真正实现。

尼罗河每一天都在考验着麦克利团队的决心与智慧，不断向他们发出无法预测甚至危及生命的挑战。在航行的第 41 天，他们来到了落差达 43 米的默奇森瀑布脚下。由于自上而下的水流威力巨大，小船根本无法靠近瀑布，向上航行就更不可能了。瀑布两边是陡峭的悬崖，陆路也行不通。

麦克利团队携带着一条飞行充气船，这条船看起来像是一个顶部带着滑翔翼、尾部装着巨大扇叶的小皮筏。麦克利团队在出发前有一个模糊的想法，如果出现最坏的情况，他们可以将小船绑在飞行充气船上，飞过尼罗河无法航行的区域。但他们之前没有时间练习，如果这次失败将会有致命的后果。进行一番复杂的组装后，团队机械师尼尔·麦格里戈（Neil McGrigor）爬进了飞行充气船内，他们沿着呼啸而下的瀑布垂直上升。升到空中后，这个临时搭建的飞行器开始摇晃，随后飞了起来，麦格里戈在那一瞬间也飞了起来。但他没想到的是，在瀑布上方降落其实和起飞一样危险。当麦格里戈向下看他即将降落的水面时，他看到了十几只正在睡觉的河马。尽管表面看起来温和无害，但河马其实是世界上最危险的动物之一。麦格里戈尽可能小心地把船停好，心脏几乎跳到了嗓子眼儿。

面对每一个全新的挑战，麦克利的团队总是展现出坚韧的品性，他们不断即兴发挥，试验了十多种在河道上航行的方法。他们的试验中既有成功也有失败，但在无休止的阻碍面前，他的团队始终保持着坚定的信心。

麦克利团队的探险在距离埃及出发点 6437.376 千米远的卢旺达森林深处到达了终点，那里只有从石块中流出的涓涓细流。他们宣布了胜利，相信自己已经找到了尼罗河真正的发源地。他们还创下了最长河流航行的世界纪录。

从 1857 年开始，约翰·汉宁·斯佩克（John Hanning Speke）徒步 1609.344 千米，在濒死与半疯状态下抵达维多利亚湖，他把那里认定为尼罗河的发源地。但他从未再进一步，去考证维多利亚湖的发源地。因此，尽管斯佩克做出了认定，但很多人认为他的结论并不完整。即便如此，英国皇家地理学会还是为斯佩克送上了一座方尖碑以作纪念，这个方尖碑如今仍矗立在伦敦的肯辛顿花园里。解答了"历史性难题"后，斯佩克成了国际英雄。但在麦克利这里，光荣的大探险时代早已成为过去。除了《国家地理》上的一篇赞扬性文章外，麦克利的尼罗河溯源团队几乎不为公众所知。没有庆祝游行，没有大手笔的赞助商，也没有方尖碑。

我与麦克利进行了深入交流，试图了解是什么让他的团队如此成功地实现了目标。起初，外界对他们的成就缺乏认可的行为让我感到意外，甚至略感愤怒。但麦克利告诉我，他的团队并不在意。**他们追求的不是金钱和名气，之所以踏上那段旅程，是因为他们热爱探索的过程，包括伴随其中的致命危险。**

"对我而言，就是这些冒险让人生变得值得。"麦克利对我说。

每一天，人们都会面临全新且极为重要的挑战。有太多时候，人们失去了追求成功的动力，甘于平庸。他们退而依靠熟悉的做法，不愿承受与成功相伴的风险。为什么会出现这种情况？为什么充满干劲地向目标发起冲击并愿意为此付出一切的精神，比如尼罗河溯源团队在探险过程中展现出的那种精神，是例外而非普遍情形呢？现实中是只有这一个结果吗？

麦克利提供了一个显而易见的答案，那就是他的团队拥有强大的内在动力。从事件本身的性质看，与解决复杂的商业问题相比，探索河流更多地属于内在动力实践。内在动力可以对一个团队的能量起到神奇的作用。可我们不该局限于此，而是应该继续提出一个问题：为什么这样一段惊险的冒险能让参与其中的人如此享受和快乐？尽管我们可以想象肾上腺素水平飙升、异域风情的野兽不断出现，以及没有人工痕迹的美景呈现在眼前这些美好的事物的景象，但这段旅行的大部分时候都异常艰辛，而且会不断出现致命威胁，偶然的胜利只是痛苦、漫长、无聊旅行中的点缀而已。如果内在动力意味着回报源自旅行本身，那么，为什么这段旅行能让人产生满足感，而其他创造性旅程又让人感觉是一场艰苦的磨砺呢？

心理学给出了出人意料的明确答案。心理学告诉我们，适度的内在动力非常重要，内在动力的根源也同样重要。这也为我们提供了线索，告诉我们如何将专注力、活力和对过程的爱融入任何团队的精神之中。

心流是内在动力的重要来源

想了解科学原理，首先让我们把自己想象成尼罗河溯源团队中的一员。此刻的我们正注视着壮观的默奇森瀑布。我们的脑海中出现了什么想法？首先，我们意识到自己正面临极为严峻的挑战。从没有人实践过甚至产生过乘船沿瀑布向上航行的想法。我们有飞行充气船，但把这种船连在小船上飞过瀑布是一个完全没有经过测试的设想。如果不做尝试，我们只能结束探险。我们为此投入的大量资金将会打水漂，探险生涯也会出现巨大的倒退。如果尝试飞行，稍有闪失就可能造成致命后果。事实上，飞行充气船在之后的旅行中坠毁，麦格里戈差点儿丧命。

尽管挑战极为严峻，但我们也拥有极为高超的技术。团队成员拥有几十年的河流航行经验，麦格里戈是非常优秀的机械师，乔治·希思科特（George Heathcote）是非洲野生动物专家，在躲避脾气暴躁的河马时他能起到巨大作用。我们都接受过急救培训。

第 4 章 热爱我们面临的困难与挑战

严峻的挑战和高超的技能，这就是现实。心理学家米哈里·希斯赞特米哈伊（Mihaly Csikszentmihalyi）[①]用"心流"一词描述我们面临上述状况时的心理状态。通过几十年具有高度影响力的研究，希斯赞特米哈伊证明了，**当挑战的难度略微超过技能水平可以应对的程度时，挑战与技能的结合就能为注意力高度集中、创造力和决心高度强化的心理状态奠定基础**。希斯赞特米哈伊也证明，如果能为上述组合增加明确的目标，并且在执行过程中可以持续获得反馈意见，心流就会不断涌现。尽管需要付出努力，但处于心流状态中的人可以从任务中感受到爱，并且更有可能创造出新颖、有效的解决方案。如果问一个体验过心流状态的人为什么做某件事，他们会不约而同地指向任务带给他们的满足感。心流是内在动力的重要来源。

希斯赞特米哈伊有关心流的概念，最早源自他作为攀岩爱好者的亲身经历。面对高难度挑战，希斯赞特米哈伊拥有出色的技术，也有着登上岩石表面的明确目标，他发现自己心里充溢着冒险和克服天生保守主义所需的决心与能量。当他找到其他拥有相似体验的人时，比如艺术家、外科医生、投资人和 CEO 们，他能够反复听到人们对这种活力状态的描述。

为了让人们更容易理解和达到心流状态，希斯赞特米哈伊创设了一种简单的视觉展现形式。他展示了一条心流渠道，这是一条适航的通路。进入这个渠道，一个人既可以规避因没有足够技能应对挑战而产生的恐惧与无助，也能规避因为技能水平过高而导致的无聊与冷漠（见图 4-1）。

[①] 积极心理学大师、"心流之父"，他在经典作品《创造力》一书中访谈了包括 14 位诺贝尔奖得主在内的 91 名创新者，总结出创造力产生的运作方式，提出了令每个人的生活变得丰富而充盈的实用建议，该书简体中文版已由湛庐策划出版。——编者注

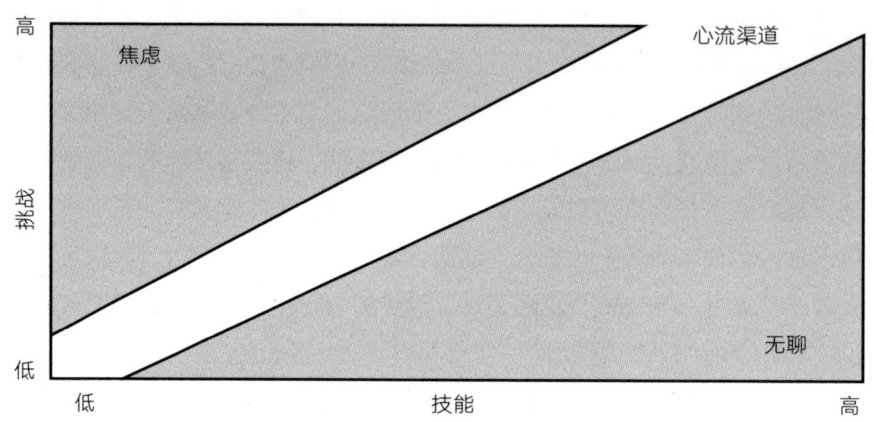

图 4-1　希斯赞特米哈伊的"心流渠道"

站在岩石表面，我们不难想象一个人的心流会处于高水平状态。可坐在办公桌前呢？我们同样可以在那里找到心流。当声名显赫的高产作家约翰·欧文（John Irving）被问及个人职业生涯时，他这样回答："心照不宣的因素就是爱。我在写作上如此努力的原因，就是因为写作对我来说不是工作。"

欧文描述的是几十年长期处于心流状态的情形。无论是对个人、团队还是一家公司来说，打破长久以来依赖的运行方式都是难度极高又非常消耗能量的做法。进入心流渠道能让我们保持高水平的活力与信心，让我们对工作拥有足够的热爱，从而在面对挑战时进行有价值的冒险。心流渠道不仅值得拥有，而且具有实现的可能性；尽管需要付出一些努力，但进入心流渠道并不需要掌握高深的技术。确保自己目标明确，再考察挑战与自身技能之间的对比关系。努力让两者匹配，你就有可能进入思维更为活跃的心流状态。

在心流状态下，即便工作本身不太重要，内在动力仍然会源源不断地出现。记住，内在动力意味着我们享受这段旅程，我们关注的并不只是抵达目的地。心流状态让这段旅程变得更为刺激有趣。但是当挑战的难度超越个人或团队能力可应对的范围时,人们的焦虑水平就会上升。过不了多久,这段旅程就不会再让人感到快乐。人们的注意力会开始分散,也有可能是希望立刻看到成果的焦虑的管理人员有意分散注意力,我们会开始从外部寻找完成挑战的理由。因为我们在工作中跌出心流状态或者从未进入过心流状态,所以才觉得工作是一种折磨。但我们不需要辞掉工作去一条河上用生命冒险才能重获心流状态。我们只需要寻找或重返心流渠道。

那么,我们如何才能找到适合自己的心流方式?我们如何才能知道自己身处心流状态?漂离心流渠道时我们又该怎么做呢?

进入心流状态的 3 个条件

创造条件

为自己和团队寻找心流状态,首先需要创造条件。回忆一下出现心流状态需要满足的 3 个条件:

- 明确知道目标是什么。

- 可以从外界获得足够反馈,知道自己是否成功。

- 拥有的能力恰好达到或者略低于应对挑战的需求。换句话说,我们知道需要做什么才能成功,但这个过程并不轻松。

在创造过程中,通过定期评估以下 3 个问题的答案,我们就可以进入并停留在心流状态。

我们知道究竟什么才是成功吗？ 太多时候，特别是在发挥创意阶段，人们对成功只有一个模糊的概念，团队成员间对成功的定义也不存在明确的共识。心流理论要求我们抽出时间，明确设定目标的所有细节，确定实现目标需要满足的条件。我们知道攀登上岩石表面意味着什么，但我们的工作是否拥有类似的明确终点或记号，让我们在整个过程中知道距离目标越来越近？想要进入心流状态，对上述问题就必须有肯定的回答。

我们能否定期得到反馈意见，知道自己正取得进展？ 也许你会提出反对看法，寻求积极反馈不就是寻求扼杀创造力的认可和奖励吗？实际上，这取决于你如何看待反馈意见。如果接受一项任务是为了获得老板赏识或者社交媒体粉丝的赞赏，那我们确实不可能进入心流状态。可如果我们以纯粹好奇的心态去接受反馈意见，把积极的反馈当作我们取得的进展，把消极的反馈看成继续学习的好机会，那么我们就能增加进入心流状态的概率。以这种方式看待反馈意见的话，它就会成为与内在动力协同合作的外在动力。一些工作可能需要几个月甚至数年才能获得清晰的反馈，但多数情况并非如此。接受创造性挑战，尽可能多地获取反馈，并带着开放的心态和好奇心去完成挑战。

我们有能力应对挑战吗？ 事实证明，在评价自身能力方面，人类真的是非常差劲的评委。能力不足的人容易高估个人能力，而能力超强的人又总是过于严格地要求自己。实际上，除非投入实践，没有人确切地知道自己是否拥有足够的能力。尽管如此，在开启一段旅程前，我们仍然有必要像检查设备一样考察一下自己的能力。我们首先要逐步规划好项目的不同阶段，包括最初的构想，以及执行和后续完善。接下来，我们可以问自己及团队成员一些极少得到检验的关键问题。对每一个阶段，甚至每一个必要的小任务，我们认为自己拥有必需的特定技能吗？还是说某些挑战的难度可能过高了？只要能提前确定问题，我们就能提前进行准备。对于那些难度过高的挑战，我们需要什么样的新技能或者资源才能避免在遇到困难时陷入焦虑与困惑？我们是需要留出时间进行额外的培训与探索，还是需要在关键转折期引入外部专家，从而避免能力与挑战失衡？一张简单的"流动图"，一份让我们保持心流状态的循序渐进的项目计划书，这些都是使一个项目保持创造力、风险承受力和活力的关键要素。

定期衡量

我们知道究竟什么才是成功吗？我们可以定期获得反馈意见吗？我们拥有必要的能力吗？提出这 3 个简单的问题，并且不断做出调整，让自己总能肯定地回答这些问题，我们就能保持充满活力的心流状态。当然，只做到这些是不够的。接下来，我们需要观察自己进入心流状态，以及陷入焦虑或无聊状态时的表现。希斯赞特米哈伊在起初开始研究心流时就注意到，尽管很多人都说自己重视工作、热爱工作，但很少有人能准确说出这些状态究竟发生在何时，以及出现这种状态的原因。在一项早期的研究中，他通过向参与者发放寻呼机解答了这个问题。寻呼机每隔几个小时就会震动，参与者会记下他们当时正在做什么，然后从 1 到 10 为自己的专注度、参与度和快乐度打分。这个方法对于发现人们的心流状态以及出现心流状态的原因极为有效。

幸运的是，我们不需要随身携带寻呼机，不必让自己和团队其他成员进行希斯赞特米哈伊的意识诱导实验。我们只需要按小时设定闹钟，当闹钟响起时，我们再去为自己的专注度、参与度和快乐度打分。

当我们最需要专注力、最需要灵活思考时，假如不在心流状态，我们该怎么做？出现这个问题的原因很可能是我们对挑战和自身能力的认知出现了偏差。**与其带着焦虑或无聊的心态继续解决问题，我们不如退后一步，重新取得平衡。**

提高能力

我们取得的成绩越多,遇到的挑战就会越复杂。这也意味着我们不可避免地需要时常暂停一下,重新学习。提高个人能力,尤其是要在我们已经获得一定专业技能的领域继续提高,这看起来可能很难,但现实中存在已知有效的方法,也就是刻意练习。

心理学家很早就知道技能的获得会遵循一定的固定模式。当我们最开始尝试学习一门新知识时,比如学习一门外语,我们就处于认知阶段。我们知道自己是初学者,会犯下数不清的错误,我们会紧张且兴奋地应对挑战。随着我们取得进展,变得越来越适应,我们就会逐渐进入自动阶段。现在,我们进入了舒适区,比如学习外语,这时我们好像自动驾驶一样会自动说出外语。在这个阶段,平庸的外语学习者会认为自己的外语说得"很流利",因为他们可以自由对话,不需要太多思考就能进行日常生活。但他们的口音可能很难听,对外语真正的理解能力可能只有母语者小学三年级的水平。即便如此,"流利"是个足够好的目标,很多人不再像过去那样努力提高。他们进入了记者乔舒亚·福尔(Joshua Foer)[①]所说的"学习瓶颈"。

假如流利地说了几年外语后,我们需要翻译一份复杂的文件,这时我们该怎么办?我们的外语能力需要迅速得到显著提升。对突破"学习瓶颈"的人进行研究的结果显示,几乎所有人都进行了刻意练习。通过极为专注地提高自身水平相对不高的那部分能力,他们强迫大脑重新回到快速成长的认知阶段。伟大的音乐家不会成天练习已经掌握的曲子,只有相对出色的音乐家才会做这样的事。他们会练习长期困扰自己的曲子,一直练下去,直到精通为止。他们会记下自己犯下的错误,也会有意地记录自己获得的提高。

[①] 《国家地理》杂志、《纽约时报》等媒体的撰稿人,美国记忆力锦标赛冠军,著有《与爱因斯坦月球漫步》。——编者注

当我们跌出心流状态、希望提高自己的能力时，我们需要每天抽出一些时间，从应对挑战的活动中抽身出来，努力提高在很长一段时间里没有改善的**特定能力**。刻意练习意味着抽出一小时专攻弱点，并且反复练习。研究显示，超过一小时会让人筋疲力尽。逼迫自己走出"自动驾驶"状态、重新进入认知阶段可以让我们的能力迅速得到提升。取得进步后，我们就可以回去面对我们正试图克服的更大的挑战，也更有机会进入心流状态。

降低挑战难度

我们也可以通过降低任务难度的方式，来平衡挑战和自身能力之间的关系。不久前我与一名出色的管理人员进行了交流，她正在练习公开演讲能力。她陷入了停滞，因为她将自己的挑战设定为"创作一个从来没人讲过、并且能够改变听众人生的演讲"。这是一个高尚的目标，却给她带来了极为严重的焦虑情绪。这是一个极有野心的目标，但又不够明确，很难衡量。幸运的是，她决定将挑战的第一步重新定义为"从我了解的知识中发掘听众能够受益的部分"。确定这个目标后，她得以起步，并且很快进入了专注创作的状态。**降低挑战难度不等于减损雄心壮志。降低挑战难度可以是将工作拆分为更小、更容易实现的目标，也可以是删除难度过高且对成功起不到关键作用的目标。**尽管创作"没人讲过"的演讲是个很不错的目标，但这跟一个演讲是否有用、有趣、具有启发性不存在过多关联。而想成为成功的演讲人，更重要的是演讲要有用、有趣、具有启发性。

摒除外界的噪声

心流状态提高了我们承受风险的能量与能力，同时它也要求我们要拿出一定的专注力，才能进入这种状态。在现今世界，专注力变得越来越稀缺。

"感受过心流状态的人都知道,要想获得深层次的愉悦,一个人需要付出同等程度的严格的专注力。"希斯赞特米哈伊在1990年写道。那时的他就在担心电视和数字娱乐对我们保持心流状态能力的影响。20多年过去了,生活对专注力的要求已经扩大到希斯赞特米哈伊无法想象的地步,外界的诱惑也变得越来越多。这就是在野外孤零零的麦克利团队相比其他生活在无线网和信号塔下的人们的优势。如今我们生活的世界,无时无刻不存在着各种分散注意力的事情。想要保持足够多的活力突破舒适区、放弃不再有效的方法,控制分散注意力的事物甚至将其中一些转为优势,就成了极其重要的技能。

　　让我们回头看看习惯性跌出心流状态后等待我们的是什么:焦虑和无聊。我们很难带着这种不舒服的情绪生活,所以我们会寻求任何可能的出路。在弗吉尼亚大学2014年的一项研究中,研究人员让参与者安静地坐上15分钟。他们有一个分散注意力的事物:强烈的静电打击,虽然很疼,但不危险。大多数参与者都因为静电打击,放弃了不间断的安静思考。如果说无聊让人感到不舒服,焦虑就更让人难以忍受了。当然,摆脱焦虑与无聊的最有效方式就是进行刻意练习,通过调整挑战难度和提高能力重返心流状态。但这需要专注力,需要纪律性。不过另一个相对简单的方法,就是把精力放在更容易产生满足感的事物上。而这种事物随处可见。

　　平均算下来,我们一天会查15次邮件,看46次手机。最近一项研究显示,平均每天查看手机次数达到85次的千禧一代比年龄超过55岁的人还要健忘,这可能是人类历史上第一次年轻人和中老年人的角色反转。对希斯赞特米哈伊这个担忧外部事物会分散注意力的人来说,最具讽刺意味的是,手机游戏厂商以他的研究发现为基础设计出了休闲游戏,人们只要抽出3分钟时间就能用智能手机玩这些游戏,而这些游戏的设计目的就是制造心流状态。随着玩家的游戏水平不断提升,他们面临的挑战难度也在不断提高。写作这本书本身就是一个时常让我进入心流状态、有时又会让我陷入绝望境地的任务，我需要经常抗拒玩游戏的冲动，而这些游戏正是我在研究心流状态时发现的减压方式。这些游戏能给人带来巨大的快感，但又极度消耗时间和精力。当然，游戏对实现目标没有任何帮助。

在商业世界，注意力分散究竟有多致命？按照最近的估算，员工每年在工作时花在社交网络上的时间会给美国经济带来6500亿美元的损失。因为社交网站这类让人分心的数字产品，平均一名员工一年在生产效率上会导致公司损失超过4500美元。整整10%的美国员工在上班时用在社交网络上的时间比真正工作的时间还多。

好消息是，只要意识到注意力分散的危害，我们就能在很大程度上解决这个问题。

几年前，卡内基梅隆大学的两名研究人员亚历山德罗·阿奎斯蒂（Alessandro Acquisti）和埃亚尔·皮尔（Eyal Peer）决定去研究是否存在让人们在工作时免受干扰的简单方法。他们在实验中要求参与者读一小段文字，然后回答几个问题，看他们是否理解刚刚读过的内容。他们把参与者分成3个小组。一组参与者接到的指令是去阅读文字并回答问题。另外两组参与者则提前获知他们随时可能通过短信的形式收到进一步指示。后两组在阅读过程中收到了两次短信。这个测试结果发人深省。阅读过程被打断的小组，其成员的错误率高出了20%。事实上，正如报道了这个研究的《纽约时报》记者说的那样，注意力分散"足以让80%成绩原本为B-的学生中的62%变为失败者"。然而，故事并没有就此结束。

在第2轮实验中，两个小组的参与者再次获知可能遇到分心因素，但最终只有一组参与者收到了短信。出人意料的是，做好准备迎接干扰但没有收到短信的最后一组，参与者的正确率反而提高了43%，甚至比从未受到干扰的小组成员的成绩还要好。研究人员将最后一个小组成绩提高的原因归结为警惕性。他们认为，意识到可能存在干扰但又成功规避了干扰，这让参与者的注意力集中程度超过了完全不存在干扰时的水平。

我们可以从这个实验中学到什么？当我们想要进入心流状态时，我们会制造出一个"注意力圆锥体"。这是一种特定状态，在这种状态下，我们会与自己或他人达成协议，在一段时间内专注于某个目标。我们可以列出那些最无用的分心因素，并用简单的方法来规避它们。比方说，"吃午饭时，我们总会收到很多客户发来的信息，我们一致同意设置自动回复，到1点钟再去回复他们。"在一个团队中，设置一份共同的干扰因素清单可以迅速建立起来社交规则，从而避免出现类似查邮件、回复短信这些分散注意力的事情。这样的清单听起来简单，可当我们意识到干扰因素的本质是降低工作效率的无效活动时，我们就能极大程度地减弱这些活动的影响，同时又能启动大脑中的认知系统，提高警惕，增加自己对注意力的掌控程度。

当然，在一个数码干扰因素层出不穷的世界，创建注意力圆锥体这样的简单方法绝不是万能的。对一些依赖心流状态的人来说，他们需要用极端手段才能建立注意力圆锥体。作家乔纳森·弗兰岑（Jonathan Franzen）描述自己如何切断旧笔记本电脑的网络连接时，这样说道："你要做的，就是用强力胶粘住网线，再锯掉那个小插口。"在剪断网线前，他拆掉了电脑的无线网卡，更换了操作系统并删除了所有预装的游戏，租了一间没有任何视觉刺激的办公室。

弗兰岑不敢抱有一丝侥幸心理，他在写作时需要高强度的能量与专注。在这段时间，他每天从早上7点开始不间断地写作。在写作过程中，他会大声读出自己写出的对话，每当写作告一段落时，他的声音就已经变得沙哑。他的写作节奏与专注度达到了极致，他也正是因此成为世界上最负盛名的小说家之一。

第 4 章 热爱我们面临的困难与挑战

学会有意识地放松

当然，有时我们可以分散一下注意力，放松精神，和外在动力一样，分散注意力并不一定就是坏事。我相信你一定遇到过没有刻意思考一个问题时，反而想到了解决问题的好主意的情况，比如在洗澡或者跑步时。研究表明，**在解决需要发挥创造力的问题时，最有效的方法其实是在有限时间里精神高度集中地思考，然后放松心态，思考一些与问题无关的事情。**如果还没找到具有创造性的解决方案，那就再回到精神高度集中的状态。

宾夕法尼亚大学想象力研究所的科学主任斯科特·考夫曼（Scott Kaufman）①对我说："让大脑离开有难度的任务，这是有帮助的。"但他提醒说，如何有意识地放松是一门艺术。"你要做的不是完全不需要动脑的事情，而是能让你思考不同问题的事情。"他提出建议，即便在放松精神时，我们也要提醒自己保持追逐目标的动力，而不是随意地将注意力放在任何出现在眼前的事情上，比如电话铃声、无意中听到的对话或者一连串电子邮件。

当我问米哈里·希斯赞特米哈伊，分散注意力在他的心流模型中是否有存在空间时，他告诉我，达·芬奇会漫步在威尼斯街头，观察漆面剥落的形态，将各种信息吸收进大脑，这能帮助达·芬奇创造出新的绘画技巧。希斯赞特米哈伊表示："如果有明确需要解决的问题，降低专注度是有用的，这能让你从不同角度去思考问题。"关键在于，我们需要有意识地放松精神，这才有助于我们的潜意识去思考问题。这与无法自控地玩手机不一样，因为如果我们不给大脑刻意留放松时间，就很容易被与无穷无尽的数字世界重新连接的渴望占据。我们放弃对自身思维的控制，伤害的是创造性工作。

---

① 美国知名认知心理学家、科普作家，他的著作《绝非天赋》是对人类智力探索的集大成之作，他用坚实的研究基础和逆袭的人生经历证明了人们对传统智力测量的解读受到了误导。本书简体中文版已由湛庐策划出版。——编者注

尼罗河溯源探险第 30 天

尼罗河溯源团队驾驶着小船小心翼翼地在苏德沼泽中航行。苏德沼泽是世界上最大的沼泽地，尼罗河在南苏丹流入了这片沼泽。雨季时，这片沼泽的面积会扩大到与英国国土面积相当的程度。在没有经验的人看来，这片沼泽就是由芦苇构成的浓密森林，而芦苇可以长到 3 倍于成年男子身高的高度。

团队的 GPS 导航系统出了问题，而且在沼泽中也看不到水流。麦克利他们很难辨别水流方向，因此也就无法确认团队的前进方向。芦苇丛中经常出现可能是通路的水道。每条水道看起来都像是安全通道，但在航行数英里后，人们就会发现绝大多数水道都是死胡同。进入错误的水道会让团队耗费数小时时间以及宝贵的汽油。小船两旁的植物高过头顶，燃料不断减少。更麻烦的是，没人能在空中探查他们的所在地。即便别人有心营救，也几乎不可能进行。

他们很紧张，但依旧保持了敏锐的观察力。他们观察到大量风信子正自由地在空中飘动。风信子这种入侵植物生长于水面，没有根部与沼泽河床相连。团队成员注意到了风信子的移动方向，这种植物会巧妙地跟随水流方向移动。他们决定向风信子移动的相反方向航行，穿过弯曲复杂的水道后，他们终于看到了尼罗河闪着微光的宽大河面。

在寻找尼罗河源头这一堂吉诃德式的探险活动中，为什么卡姆·麦克利和他的团队总能克服几乎是无法战胜的困难？而为什么又有那么多的团队和个人在面临对个人职业生涯、对他们的客户甚至对人类整体都更加重要的事件时，总是甘于平庸？

是运气吗？如果他们只克服了一两次困难，你可以说是运气好。可十多次那就不太可能只靠运气了。或者说他们的能力更强？可他们一次又一次地发现面对的困难超出了他们的能力范围。真正让溯源尼罗河团队与众不同的，是他们始终保持心流状态的能力。他们拥有明确的目标，也能考量任务的实际进展。他们找到了一个略微超过能力范围的挑战。在远离了现代世界的干扰因素后，他们可以保持清醒的头脑，保证精神高度集中。因此，他们从工作中体验到了爱，获得了克服每一个困难所需的能量。尽管很少有人立志成为河流探险家，可谁会不愿意在如此快乐的状态下用聪明才智去面对危险与挑战呢？

尽管卡姆·麦克利的灵活思维及冒险精神让我颇受鼓舞，但他也有让我感到困惑的地方。他的外表和内在极不相称。长期在太阳下暴晒使得他的脸看上去就像一个中老年人，可他的声音中却蕴含着强烈的热情，听他说话就像在听一个青少年谈论自己最喜欢的运动。成年人的身体中藏着一颗孩子的心，这固然潇洒有魅力，可溯源尼罗河绝不是消遣娱乐。探险过程中，一名同伴在丛林中被叛军杀死，另一名在头部中弹后奇迹般地活了下来。他们多次面对死亡威胁，一切只是为了追寻仅具有象征性意义的梦想。

"这给了你活下去的理由。"麦克利这样评价他的探险活动。毫无疑问，他是风险思维者，可他适合做其他人的楷模吗？他的创新能力和风险承受力，不是源于他找到了自己真心热爱并愿意为此付出生命的兴趣吗？对于那些不一定会发自内心地热爱每一个挑战的普通人来说，麦克利是不是一个无法企及的标准？

我向希斯赞特米哈伊提出了这个问题，他告诉我，进入心流状态后，就连最单调的工作也能产生激励作用，释放创造性思维。希斯赞特米哈伊说，如果爱上了创造的过程，面对几乎任何工作你都能发挥热情，不过他明确表示，他绝不会有动力解决三角函数。我倾向于认同他的观点，但"几乎"这个词非常重要。理解了专注力和动力的基本原则后，我们可以激励自己，为自己打气。我们可以调整挑战的难度，引入动力协同让自己在工作中保持活力与警醒。我们也可以解决那些无关人生目标的问题。可凡事终归存在极限。有时，工作中的困难挑战不能与我们内心中的深层次追求达成一致，甚至有可能背道而驰。这样的挑战永远不可能激励我们走出安全区域，如果不知道何时放手离开，就会导致多年的沮丧与精神痛苦。

如何获得应对挑战的动力和激情？何时又该放弃？终其一生研究创造力并发表过超过1800篇相关论文的E.保罗·托兰斯（E. Paul Torrance）给出了堪称最明确的建议。他将自己的研究提炼为4个简单的规则：

1. 不要害怕爱上某个事物，不要害怕投入全部身心去追逐新的梦想。
2. 了解、理解、为之骄傲，练习、提高、使用、探索，享受自己的最强优势。
3. 学会将自己从他人的期望中解放出来，摆脱他人试图强加给你的游戏规则。解放自己，"玩自己的游戏"，最大限度地发挥自身天赋。
4. 不要将大量精力浪费在自己做不了或者不爱做的事情上。

换句话说，我们可以从任何事情中找到创造性突破所需的动力。我们不需要放弃一切去周围最近的一条河上探险。另外，如果我们正在做的事失去了意义，那么在寻找心流状态时我们就始终处于劣势。

第4章 热爱我们面临的困难与挑战

UNSAFE THINKING

打破常规的创新策略2：
让持续的困难与挑战成为动力的来源

● **利用动力协同保持活力**

让自己和团队重点关注内在动力，或者热爱正在做的事情，这才是最深层次创造能量的来源。但外部回报只要不让人产生被操控和强迫感，同样能帮助你和团队度过创造过程中不可避免的艰苦时期。大多数人和朱莉·温赖特一样，既受内心的热爱的激励，也受财富、社会认可和影响力的驱动。只要处理得当，一切都不是问题。

需要远大梦想和想象力时，不要让外部刺激因素接近自己。在执行和完善阶段，友好的竞争、低水平的奖励和创造性回报能起到神奇的作用。

● **进入心流状态**

记住，只有明确知道目标、拥有的能力恰好达到或略低于挑战的难度，并且能定期获得反馈意见，才能进入心流状态。进入心流状态后，不管在办公室工作还是在河上探险，你都能获得持续的内在动力。

如何确保衡量成功的指标足够清晰、并且在执行过程中谨慎衡量自己的表现？你是否定期进行刻意练习，专注于提升自己的弱势，让自身能力随着挑战难度增加而不断提高？艰难局面下，你是否愿意降低挑战难度，直到重新进入心流状态？

● **利用分心因素**

时刻保持精神高度集中无法帮助我们取得突破，可盲目的分心因素又是威力最强的创造力杀手。像达·芬奇那样悠闲地漫步于威尼斯街头能够起到神奇的作用,但这与痴迷"填字接龙"游戏是两回事。

回忆我们在书里提到的研究,那些意识到可能会出现分心因素、但又避免了分心因素的人,成绩出现了大幅提高。如何更清晰地了解什么是自己的分心因素并且创造一个注意力圆锥体保护自己?在身边没有可用工具的前提下,你又如何在一天里抽出固定时间放松精神,哪怕只抽出半个小时?

UNSAFE THINKING

HOW TO BE NIMBLE AND BOLD WHEN YOU NEED IT MOST

第 3 部分

策略 3,
真正的专业是经验与创新并行

UNSAFE THINKING

在我看来，形成"思维定式"的罪魁祸首就是人类难以抗拒的两种驱动力：自尊心和紧迫感。唯有掌控这两种驱动力，我们才能打开更多的探索空间，跳出限制我们的安全思维循环。

第 5 章

善用新手优势，
在陌生的领域找回
学习能力

?

如何在变得
更专业的同时,
避免落入"专家陷阱"?

第 5 章　善用新手优势，在陌生的领域找回学习能力

你走进了考场，同学们都已经坐好，教室里弥漫着安静而紧张的气氛。你自信地走向课桌，坐下后打开了考卷。看到第 1 道题，你就愣住了。"德国入侵捷克斯洛伐克前，英国政府高级官员如刺猬般尖刻（erinaceous）的特点是什么？"你眨了眨眼睛，低头又看了一遍问题。真有"如刺猬般尖刻"这种说法吗？我该知道这个词是什么意思吗？你跳到了第 2 道题，这个问题要求你指出组成爪哇木琴乐队的众多打击乐器是什么。你隐隐约约想起 10 年前看过一场木琴音乐会，可这道题属于学习范围内的内容吗？第 3 道题则是你从未见过的象形文字。到底是怎么回事？在那一瞬间你想起来了，你忘记复习了。事实上，过去 6 周你没去上过一节课。你感到无比慌张。随后，你惊醒了。

没有为考试做好准备是最常见的噩梦之一，各种文化背景的人都曾有过这样的经历。没有做好准备就踏入高风险状态，这会让几乎所有人感到恐惧。实际上，研究梦境的学者托尼·扎德拉（Tony Zadra）表示，不仅现实中真的准备不足的人会做这样的噩梦，那些接受过高等教育的成功人士，也经常做这样的噩梦。因为有太多的人太过频繁地做过这样的梦，所以研究人员希望为这样的梦寻找一种适应性功能。如果这种梦只会让人痛苦和烦躁，那么为什么这种噩梦如此普遍呢？梦境研究者戴维·方塔纳（David Fontana）认为，考试噩梦也许是心灵给我们提出的保护性警告，是为了让

我们提前了解如果不投入时间精力获得应对生活挑战必需的技能时会发生什么。方塔纳表示，这样的梦"鼓励做梦者去正视他们不愿意看见的自身缺点"。

很多年来，我是众多定期会做考试噩梦的倒霉蛋之一。尽管这种梦带有强烈的警示信号，但我总是能从中发现愉快的部分。这样的梦很吓人，可只要醒来，我就知道自己的学生时代早已过去，正在做的工作自己也能做到基本精通。这些时候，我就会产生一种甜蜜的解脱感。

我们对无知，或者曝光自己的无知有着深入骨髓的恐惧感，这甚至成为人类整体的噩梦。与此同时，在考察自身的专业能力时，我们又会产生巨大的满足感和舒适感。

当专家们自信地预测飞行汽车和平衡车会成为主流交通工具、告诉我们吸烟有益健康、没能预测到2007年房地产价格崩盘或者2016年看过民调结果后预测希拉里·克林顿将赢得美国大选时，我们会愉快地指出专家犯下的愚蠢错误。尽管如此，我们仍会因为缺乏必需的技能而感到害怕。实际上，我们也时常需要这样的恐惧感。如果不先在某个领域成为专家，我们就很难创造出有价值的东西，特别是测定基因组序列、修理飞机这样的高科技工作。但研究人员一直强调，这个道理也适用于艺术家、商业领袖和发明家。

特雷莎·阿马比尔在她的创造力模型中，将专业技能放在了最靠前和最中心的位置，她把"与专业相关的技能"列为高效创造的4个关键要素之一。获得过诺贝尔奖的心理学家赫伯特·西蒙（Herbert Simon）也是人工智能领域的先驱，他表示，我们过去通过学习和训练获得的知识、技术能力以及问题解决模式界定了我们的"神游可能性网络"。西蒙颇具诗意的解释道出了一个现实，也就是说，没有专业技能做指引，我们无法有效地探索未知世界。在西蒙看来，发明新事物的基础是理解现有事物，随后再对已知事物进行解构和重组。

起初，我认为强调专业能力是创造力的先决条件这种说法让人感到气馁。一直以来，我都试图相信"天真的新人"这个概念，也就是不在乎现有规则的新手用新鲜想法撼动整个世界。如果这才是获得创造性成功的方式，我们就能节省出大量的学习和工作时间。悲剧的是，我们很难找到证据证明这是常见现象。

可如果专业能力不可或缺，为什么专家又经常将我们引入歧途？为什么专家们总是迟迟不愿意接受新观点？为什么相关领域的初学者有时能击败专家？这些问题的答案具有重要意义，这是因为在创造的过程中，我们经常要在依赖还是质疑自己的专业能力、深化现有知识还是寻求全新创意、从专家角度还是从新手角度看问题中做出选择。在寻找这些问题的答案时我发现，从来就不存在唯一正确答案。但我们还是可以通过学习提升专业技能，同时又不受其限制。

新手的优势

科尔汀·尼西亚南达姆（Krtin Nithiyanandam）不敢相信，仅凭谷歌搜索、自学和借来的设备，他居然成功了。他只有15岁，是一名十年级学生。如果没有遗漏的话，那么可以确定他发明出了诊断阿尔茨海默病的一种新方法。和现有诊断体系相比，他的方法可以在患病症状出现10年之前做出诊断。尼西亚南达姆没有任何医学研究经验，他是在上网时想出的这个创意。

"我喜欢打壁球。"他对我说，"但我的胯骨骨折很严重，我多出来很多时间，所以我开始了解更多的科学知识。"科学一直对尼西亚南达姆有着很强的吸引力。如果不是接受了复杂的高科技手术，尼西亚南达姆早就因为小时候耳朵里堆积的死亡细胞而失聪了，不过，他还是需要带着一个小小的助听器才能听见别人说话。在小时候的尼西亚南达姆眼中，科学就像神奇的魔术。作为一个思想活跃而充满好奇心的青少年，科学对只能花大把时间躺在沙发上的他来说又变成了游乐场。

尼西亚南达姆最初的想法，是找到一个困扰数百万人的疾病，通过研究确定自己能否治愈这个疾病。他选择了阿尔茨海默病，并通过谷歌了解了阿尔茨海默病的发病原因。很快，他就注意到了一种能够穿过高度灵敏的血脑屏障的抗体，这让尼西亚南达姆有了灵感。如果他能将荧光粒子贴附在这样的抗体上，而这个粒子又能吸附在导致阿尔茨海默病发病的蛋白质上呢？也许这能让他绘制出大脑中危险蛋白质的位置图，从而确定这些蛋白质在没有表现出任何症状的患者脑中的位置和出现频率。

"我的学校没有可以做这种实验的实验室。"他说，"而且很多人认为15岁的孩子使用昂贵的设备和化学品不是什么好主意。我遭到了很多次拒绝。"但尼西亚南达姆是个乐观主义者，作为一个充满活力的年轻人，"不"这个回答似乎对他没有产生影响。他随后联系了一些在科学上资助孩子的当地慈善机构。由于他的创意相当有吸引力，他最终筹到了约15万美元的实验资金。剑桥大学提供了学校的一些设备供他使用。

最初的一些测试结果让人振奋。正如尼西亚南达姆希望的那样，他的小"特洛伊木马"穿过血脑屏障，附着在诱发疾病的蛋白质上，并且发出了荧光信号。大脑中的有害蛋白质图开始形成，他的想法奏效了！但他的研究随后出现了倒退。发了几天光后，荧光粒子的光开始逐渐消失，最终彻底变暗。他不知道为什么会出现这种情况。

"我有点儿烦躁。"看到自己的研究化为泡影，尼西亚南达姆坦承。但他也表示，因为自己不是知名教授，不需要捍卫学术名誉，所以他并不慌张。他继续进行着实验，不断制作更多的荧光粒子，仔细观察它们从发光到变暗的过程。有一天，他终于明白了原因。他发现自己的荧光粒子发光时更像是颗炸弹，而不是照明弹。这颗粒子杀死了它所附着的有害蛋白质。他的小机器并没有罢工，而是在攻击阿尔茨海默病的发病原因。尼西亚南达姆不仅发明出了阿尔茨海默病的诊断工具，同时为这种几乎无法治愈的疾病创造出了一种极具前景的治疗方法。凭借这个发明创造，他获得了2015年的科学美国人创新奖。

尼西亚南达姆表示，虽然他对以往研究者的工作进行了一些完善，但他并没有发明任何新的东西。其他科学家早已发现了抗体、荧光粒子和有害蛋白质。他们甚至将其中一些要素结合在一起，试图找到治疗方法，但初期的测试结果并不如意。所以他们干脆放弃了整个方案。"我的突破并不是建立在很多新事物的基础上。"尼西亚南达姆告诉我，"需要记住的只是，你以为事情会朝一个方向发展，实际上却是朝另一个方向发展。"

尼西亚南达姆强调，如果提前15年，在科学还没有成为公开资源可以随时在网上查找时，他是不可能取得任何进展的。他站在很多科学家的肩膀上，以他们的专业能力为基础才取得了成功。只不过，他没有理睬自己的实验方法可能会失败的说法。

初学者优势在科学界众所周知，且一般会遵循一定的模式。创新者通常在18岁前接受基础教育，从18岁到30岁学习某个专业领域的知识。再工作几年，接着就出现了突破。最近一份有关诺贝尔奖获得者的研究，就解释了为什么大量获奖者都是在30多岁时完成了获奖研究。完成获奖研究的平均年龄是36岁。为什么在一个领域只需要工作几年就能取得成功？上述研究的作者这样看待这个问题："最重要的概念性工作需要完全背离现有范式，而确定并认可背离现有范式的能力，通常是在接触现有范式后不久又没有完全吸收现有范式时达到最大。"

知道这个概念后，尼西亚南达姆的故事就没那么匪夷所思了。在谷歌的帮助下，依靠自身聪明才智，他极大程度地将自己的受教育时间从几十年压缩到了几个月。"我最初的想法只有基本框架，简单得可笑。"他说。以此为基础，他接触了职业研究人员，不断完善细节。他接触了所需的一切，又不会受现有知识的限制，不会认为自己的想法行不通。和其他年轻的诺贝尔奖获得者一样，尼西亚南达姆是相对意义上的初学者，但他绝不是半吊子。他尽其所能地吸收了相关领域的核心知识，但又没有过度深入，没有丢失全新的视角。他成了一定程度上的专家，知道自己在做什么；但又保持了相当程度的局外人身份，从而避免了接触过多的错误的主流观点。尼西亚南达姆承认，吸收错误的主流观点会导致他的研究半途夭折。

与初学者相比，接触错误信息是专家面临的唯一劣势吗？还是说，积累优质信息也存在危险？事实证明，确实如此。

赖斯大学的研究员埃里克·戴恩（Erik Dane）用"堑壕"这个词来形容专家必须对抗的思维陷阱。专业技能超过某个特定节点后，随着我们学得越多、信心越强、在某个领域的权威性越来越强，在面对周围环境发出的信号和提出的各种可能性时，我们就越不愿意冒险。戴恩告诉我，想获得激进且有用的创意，一个人确实需要首先对相关领域拥有专家级的理解。不过他画了一个倒 U 形曲线（见图 5-1），描述了专业能力与激进创造力（Radical Creativity）之间的关系。

戴恩承认，获取相关领域的足够的知识可以让我们到达倒 U 形曲线的顶部。在这里，我们有能力提出具有重要意义的新观点。尼西亚南达姆也就是在这个阶段发现了阿尔茨海默病的治疗方法。问题在于，很多专家在达到这个顶点后，就滑向了用固定、僵化的方式看世界的另一端。他们不仅自身思维僵化，而且还在无意间利用自身的权威地位让整个学科的发展陷入停滞。心理学的先锋人物西格蒙德·弗洛伊德后期变得循规蹈矩，当他写出《文明与缺憾》(Civilization and Its Discontents)一书时，他大概已经滑进了倒 U 形曲线的"堑壕"一端。"我在这里总结的概念，只是我最初试探性地提出的。可随着时间推移，这些概念牢牢控制住了我的大脑，让我无法从其他角度思考问题。"

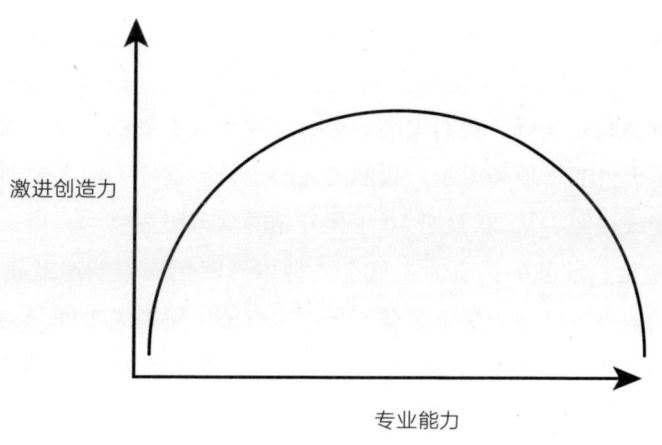

图 5-1　专业能力与激进创造力的倒 U 形曲线

专家的思维定式

专家不仅能更高效地解决问题，而且在专业领域内，他们看待问题的角度也与初学者存在区别。想象一下，国际象棋大师和新手对棋盘上的棋子分别有着怎样的看法。新手也许能看懂棋子的布局，提前看出几步，可以轻松地排除错误或者明显愚蠢的走法。但剩余的可能性呢？在新手看来，那是一大堆没有意义的信息，他们可能需要数周时间才能思考清楚所有可能性。

决策行为研究者加里·克莱因（Gary Klein）表示，象棋大师眼中的棋盘和普通人眼中的截然不同。大师可以从普通人眼中的干扰因素中看到模式和意义。事实上，大师只要瞥上一眼，就能清楚地记得棋子的准确位置。有意思的是，如果棋子只是杂乱无序地摆在棋盘上的话，大师对位置的记忆能力就不如新手。阅读棋盘时，大师甚至在无意识的情况下，就已经根据存在于大脑中的模式放弃了数千种次优选择。只考虑最优解，这能让大师保持精神专注，而新手面对数不清的可能性，很容易犯下错误。面对大师，新手没有任何机会。

在各自的专业领域，我们大脑的运行方式类似于象棋大师。我们积累的知识得到了出色的管理和组织。我们的大脑也只能这样工作，否则充裕的知识反而会变成诅咒。从20世纪50年代开始的众多研究显示，当一个人拥有大量非结构化、散乱的信息时，这个人搜索、回忆知识的速度就会变得很慢。过多的信息可能阻碍思维运转。但专家有能力解决这个问题，回忆重要信息时，他们的速度不慢，能力也不差。实际上，专家可以用快速且高效的方式梳理、回忆大脑中的信息。这是因为他们的大脑巧妙地将每一个事实与想法分入复杂且相互关联的网络之中。我们可以把这样的网络想象成图书馆。一间图书馆拥有成千上万本书，每本书里包含成千上万的信息。如果只是散乱地堆积在一起，信息就是无用的。可我们走进一间图书馆，通常只需要几分钟就能准确地找到自己所需要的信息，甚至在计算机化搜索出现前也是如此，这是因为每本书都会按照精准的系统分类排放。专家大脑中知识网络的基本运行原则便是如此。

一旦确定了基础，设定好网络规则，我们就可以轻松地添加新内容。无论是浪漫爱情故事、神秘事件、科学原理、民间文学还是烹饪技术，每一个主题都可以进入预留的空间。越是频繁地使用这个网络，我们就越是适应这个网络，也越容易将新的信息归入熟悉的类别中。

第 5 章 善用新手优势,在陌生的领域找回学习能力

问题在于,尽管处理存储信息的能力得到提高,但我们的思维方式却变得僵化。克莱因指出,虽然成为专家可以让我们在既定游戏中极大地提高效率,但也会导致我们不容易发现游戏出现的改变,并导致我们应对改变的能力不足。举例来说,当重要规则发生改变时,比如谁先出牌,专家级玩家的反应通常会落后于新手。已经习惯了快速、高效运转的专家思维试图将新信息放入旧框架,以便发挥自己的快速处理能力。我们的专家大脑会这样说:"哦,那不过是老问题的新形式。"但很多时候,情况并非如此。总而言之,我们在这个快速变化的世界中面对的大多数问题,都与规则从不改变的二维棋盘截然不同。

在培养专业能力的过程中绘制思维地图与进行信息分类确实能让我们快速寻找信息、迅速排除可能浪费时间的选择。尽管这种思维地图的威力极强,但它的诱惑力有时也会过大。它会导致我们过度关注既定模式,在不必要时适用这些模式。正是由于这个原因,拥有大量优质信息的专家也会犯下可怕的错误。

1983 年,菲利普·泰特洛克(Philip Tetlock)想了解专家预测的准确性究竟有多高,于是他选择了 248 名权威人士。他让这些专家年复一年地预测不久后世界范围内会发生什么重大改变,比如革命、战争和政治运动。2003 年结束研究时,他收集到了 82 361 份或正确或错误的预测。20 年时间里,他也积累了专家如何进行预测、以及他们对自身预测自信程度的大量数据。

泰特洛克选择的专家表现得究竟如何?答案是,非常糟糕。让他们蒙上眼睛随便扔飞镖,命中的概率可能都比他们预测的准确率高。总体来说,专家们的研究、推理与分析不但没能帮助他们,反而降低了他们做出正确预测的概率。

为什么会这样?似乎一个人只有故意猜错时,才会让自己的预测正确率

比偶然性还低。泰特洛克用专家过度活跃的模式识别能力解释了自己的发现。为了解释这种奇怪的人类心理，泰特洛克回忆起几十年前自己在耶鲁大学观察过的一个实验。实验中，一只老鼠解开了一个简单的迷宫。为了反复穿过迷宫获得食物，这只老鼠只需要决定向左转还是向右转。食物看似随机地出现在迷宫的任一出口，但算法决定食物有60%的概率会出现在左侧。接受测试的不只有老鼠，还有一组常春藤大学的学生也要做出预测。最初，老鼠和学生猜测右侧的概率约为50%，这也是不知道食物放置地点被操控时的正常反应。随着时间推移，测试结果开始出现分化。没过多久，老鼠几乎全部向左转，达到了大约60%的成功率。老鼠正在学习。然而，参加实验的这些大学的学生却没有学习，他们的错误率仍然接近50%。老鼠以明显优势击败了学生。

泰特洛克认为他知道原因。学生们会不由自主地认为，他们正在寻找一个重要的潜在模式。作为接受过高等教育的知识分子，他们能够看透研究人员的心理和小把戏。"我们坚持在随机结果中寻找秩序……比如'食物会随机出现在左右两边，但在第3轮后食物会出现在右边'。"泰特洛克解释道。学生在创设一种理论后，就会过度重视支持理论的证据，同时会忽视反证。就像普通人那样，他们会精心设计一个故事，描述自己的智慧与看透一切的能力。然而，他们看到的所谓背后的意义是错误的，这就是老鼠击败他们的原因。

现在，想象一下带着这种花大量精力寻找既定模式的欲望进入现实世界会是什么样的结果。泰特洛克研究的一组专家在预测军事介入的问题上就犯下了这种模式识别型的错误。

泰特洛克发现，一些专家的知识网络不仅会持续对军事介入做出错误的预测，他们还会把自己的错误说成偶然事件。为了给自己的失败寻找借口，他们通常会更固执地坚持自己的观点。这就是他们表现得越来越差的原因。

搭建并完善专业知识网络时，我们获得的不仅是更多的信息，还包括各种信息之间复杂的联系。知识网络的结构越复杂，它们的用处就会越大，独特性也会变得越突出。当我们遇到突破知识网络框架的新信息时会发生什么？如果知识网络刚刚形成，我们可以轻松地重新设计网络，把新信息视作之前出现遗漏、自己走入错误方向的早期警告信号。如果知识网络已经发展成熟，我们在其中已经投入了大量时间精力，想做出改变就没那么容易了。要改变现有知识网络，我们就需要进行大量的重构。那些不适合现有知识网络的新信息会怎么样呢？它们会被强制塞进一个并不合适的类别，或者彻底被忽视，而我们的知识网络也会变得越发僵化。这种情况会发生在所有人身上，这就是人性。

跳出专家陷阱，站在新手位置

我们需要专业能力。但在获得专业能力的过程中，每个人都会不可避免地遇到专家陷阱。如此说来，我们注定要滑入埃里克·戴恩的倒 U 形曲线的错误一端吗？并非如此。戴恩表示，**最有效的做法就是把自己摆在新手位置，更多地走出舒适区，主动探索。他表示，去除过度完善的知识网络的僵化性是重中之重。**

最新证据显示，花费时间精力了解不熟悉的事物可以显著提高一个人的创造力。比如，不久前的一个实验对名为"邓克蜡烛"的经典创造力测试题做出了小小调整。在经典实验版本中，参与者需要用一盒火柴和一盒图钉将一根蜡烛固定在墙上。这是一个经典的引诱人们固守原有知识网络的测试。我们的大脑会将图钉视作固定物，将火柴视作点燃蜡烛的工具，而把装图钉的纸盒视作无用物。然而解决这个问题的关键，正是看似无用的纸盒。一个人必须先清空纸盒，然后用熔化的蜡将蜡烛固定在纸盒上，再用大头钉将纸盒固定在墙上。

在 2007 年版的实验中，研究人员将参与者分成两个小组：一组在国外生活过很长时间，另一组没有国外生活经历。两个小组的区别让人印象深刻。受过多元文化熏陶的人解决问题的概率为 60%，而另一组只有 42%。

如何解释这个巨大的差别？在国外生活会对我们看待世界的固有心理模式提出重大挑战。进入一个不熟悉的文化环境时，你不能将所有新信息分门别类地归入旧的模式中。曾经熟悉的物体出人意料地有了新的含义和用途。到处都是奇奇怪怪的想法，而且以你从未想过的方法得以运用。熟悉的流程被打破。你有两个选择：要么保持专家思维，试着将所有信息归入旧的知识网络，在这个过程中大量歪曲现实；要么开放知识网络，意识到那只是认识世界的一种模型。美国作家格特鲁德·斯泰因（Gertrude Stein）最有创意的工作均发生在她生活在巴黎的那段时间，她把跳出舒适区当作发挥创造力的先决条件："作家必须拥有两个国家，一个是他们的归属之地，一个是他们事实上的生活之地。"

虽然搬到另一个国家生活的做法没有现实可行性，但沉浸于舒适区以外的世界同样可以弱化你处理新信息的单一模式，从而控制内心深处的所谓专家。作为研究专家的专家，泰特洛克发现这个道理也适用于他的预测者。他将他的专家分为两种类型：对一个问题有着深入了解的"刺猬"和对很多问题有着一定了解的"狐狸"。狐狸对各个领域均有兴趣，即便他们在该领域中不是专家，但他们在预测方面却显得更为可靠，虽然这和我们对专家的期望仍有差距。

走出专业领域是有风险的活动。我们无法确定自己的冒险行为能否获得直接的可用数字衡量的回报，我们不知道能否有效地将新旧信息结合在一起，创造出比各部分相加的总和更大的价值。与此同时，这种程度的风险也阻止了同事和竞争对手进入未经探索的领域，并能解释为什么创造的风险如此之高。而向未知世界迈出一步后，建筑师米克·皮尔斯（Mick Pearce）创造出了世界上最为耐用的建筑物。

皮尔斯喜欢走出办公室，沉浸在对白蚁的古怪且幼稚的痴迷中。皮尔斯观察到，这种没有中枢策划及控制系统、大脑与针头大小相当的小生物却能创造出摩天大楼，以它们的身体尺寸比例，白蚁创造出了堪称世界上最高的建筑结构。如果把白蚁放大到人的尺寸，它们堆出的土堆将高达1610米。皮尔斯想知道，白蚁是不是懂得人类建筑师不知道的秘密。

在满足自身好奇心、成为业余昆虫学家的过程中，皮尔斯在白蚁身上发现了另一种比垂直建造更为复杂的技能。他研究的这种昆虫以一种只在30摄氏度环境下存活的真菌为食。尽管白蚁丘外部的沙漠温度每天都会出现巨大变动，最高可达40摄氏度，但白蚁总能保持完美而稳定的温度，以饲养它们的口粮。秘诀就在于适当的通风。白蚁挖掘出通道，让空气实现了从底部到顶部的流通。当气温变化时，白蚁会打开或关闭这些通风口，调整空气流动。无须多说，这套系统不需要外部能源。

皮尔斯相信，他能将白蚁的策略复制到人类环境中。1996年，他得到了机会。在受邀为津巴布韦首都哈拉雷设计一栋办公楼时，他决定将自己的白蚁研究派上用场。皮尔斯设计的建筑拥有复杂且相互依存的通风系统，外部悬挂物具有遮光作用，玻璃外墙的设计也很有策略性，这一切都是受白蚁老师的启发。这种设计也取得了丰厚的回报。皮尔斯的东门中心（Eastgate Center）与其他玻璃建筑相比，所耗能源减少了10%；因为不需要安装空调系统，他为雇主直接省下了350万美元；更不要提未来几十年在能源及维护上节省的巨大开支。

"我的建筑是一个奇怪的仿生学混合物，是在复制自然界。"皮尔斯这样评价他的工作。尽管他走出专业领域的行为有些独特甚至怪异，但他总能拿出有效的解决方案，因为他的方案就像自然世界一样，高效而优雅。其实这样的方案,最终会比主流的创新承担更小的风险。皮尔斯在评价自己的成功时表示:"东门中心的基础,是原始而简化的理念。"

长久以来,人们对创造性天才的研究,都在强调他们能将不同领域整合在一起的能力。阿尔伯特·爱因斯坦热爱古典音乐,他用业余水平的演奏为自己的科学研究提供动力。奥普拉·温弗里之所以能从一个地方性脱口秀主持人成为大家眼中世界上最具影响力的女性,靠的就是不断将诸如文学、电影和宗教信仰这样的个人爱好加入媒体帝国。

督促自己少做专家、多做探险者可以松动僵化的知识网络,让作为思考者和创造者的我们多出一个优势。这个方法不只适用于个人层面。将一个探险者介绍给一组专家也能立刻带来令人震惊的效果,最好的例子就是第二次世界大战期间的美国海军。

将专业知识用于专业之外的领域

亚伯拉罕·沃尔德(Abraham Wald)的同事都知道他是天才。1902年出生于奥匈帝国的他,很早就展现出了成为数学家的潜力。但在20世纪初,犹太人想在欧洲学术界立足,难度之大不可想象。沃尔德在奥地利申请教职被纳粹政府拒绝,最终,担心人身安全的他逃到了美国。在那里,他的天赋立刻得到了认可。沃尔德很快就在统计分析、几何学及经济理论方面开创出了新的思维方式,尽管他的理念在普通人看来晦涩难懂。不过对于接纳了他的美国来说,沃尔德在飞机这个他并不了解的领域上的贡献,却是最广为人知的。

20世纪40年代初,轴心国的防空火力让同盟国损失了大量轰炸机。尽管制造飞机和培训飞行员的水平高于轴心国,但同盟国每天都有飞机被击

第 5 章　善用新手优势，在陌生的领域找回学习能力

落，导致盟军将这一优势也拱手让人。所以美国海军决定寻求外部援助，解决这一昂贵、致命又棘手的问题。

幸运的是，他们知道该去找谁。距离曼哈顿的哥伦比亚大学一个街区远的统计研究小组是知名的研究团队，统计学家可以在这里为战争出力。集结在这里的人尽管研究的多是抽象的理论，但他们均是各自领域公认的最优秀的专家。他们可以用一把计算尺撬动整个世界，也会被一把步枪绊倒在地。海军认为，这些外来者比自己的专家拥有更多优势。而沃尔德作为这个小组中最聪明的人，受邀提出意见。

加入审查问题的团队时，沃尔德发现海军给出的主要提案非常简单。海军分析中心对返航轰炸机的受损情况进行了研究，他们发现弹孔集中在机翼、机头和机尾。他们认为，为子弹容易击中的部位加装更多装甲，就能让更多士兵和飞机安全返航。沃尔德很快就发现了这个逻辑的漏洞。读者能看出来吗？静下心来思考一下。这不是个一下就能反应过来的问题，如果不是沃尔德，美国海军就会浪费无数时间、金钱和生命，走上一条不会有任何成果的路。

沃尔德只用一个问题就否掉了海军的提案。"那些没有回来的轰炸机呢？"也许被击中机头、机尾和机翼的飞机才是性能良好的飞机，只有这样的飞机才能返回基地分享数据。海军军官做出了错误的假设，认为返航的飞机只是随机出现，子弹是自然集中在了那些位置。正是这样一个不自认为是飞机专家的人提出了一个显而易见但又截然不同的观点。

沃尔德提出，飞机的所有部位都需要额外的装甲，比如驾驶舱。沃尔德的方案得到了支持，也拯救了无数生命，帮助盟军在空中战场获得了极为重要的优势。

沃尔德拥有极为出众的数学头脑，但他在军事和航空领域没有任何经验。他到底算专家还是初学者？海军根据直觉将他用作"探险者"，出色地将他的专业技能应用在专业领域之外。沃尔德也愿意离开日常舒适区、踏入未知环境，进而完成了如此重要的突破。

　　如果探索专业领域之外的世界是打破思维定式的强大工具，我在想，为什么这种工具没有更为自然地出现呢？为什么有那么多的人愿意舒舒服服地留在自己的领域中，无意间变得越来越僵化守旧？为什么没有更多各个领域的老手打破思维定式获得诺贝尔奖？为什么戴恩的倒 U 形曲线不是例外？在我看来，罪魁祸首就是人类难以抗拒的两种驱动力：自尊心和紧迫感。我们会在下一章里了解如何掌控这两种驱动力，从而打开更多的探索空间，跳出限制我们的安全思维模式。

第 6 章

放下专家的架子，留出更多的时间思考可能性

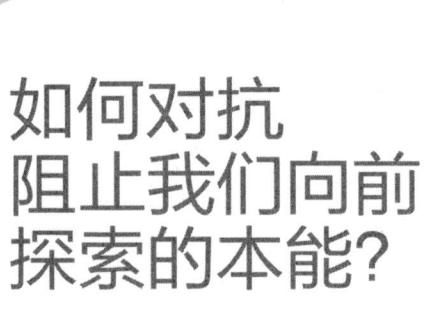

如何对抗
阻止我们向前
探索的本能?

第 6 章　放下专家的架子，留出更多的时间思考可能性

2007 年，维尼特·纳亚尔（Vineet Nayar）被任命为印度一家全球 IT 服务公司"HCL 科技"的 CEO。他马上就要开始第一次公开露面。纳亚尔走上讲台时，台下的 4000 名员工窃窃私语，纷纷猜测这个新老板准备说些什么。接下来发生的事会让他们震惊，但并不是因为纳亚尔讲话的内容。

人们紧张又期待，这是因为纳亚尔接手时，公司正处于一个充满不确定性的时期。HCL 科技公司此前迅速扩张，员工总数达到 55 000 人，可公司也面临着严峻的挑战。HCL 科技公司正在经历"成长的烦恼"，他们希望从二流的 IT 业务外包服务商转型为全球范围内的一流企业，这就意味着他们必须与 IBM 这样的巨头竞争，满足世界上最为挑剔的客户提出的要求。几乎没有人认为 HCL 科技已经做好了准备。尽管公司的营收仍在增长，但竞争对手的增长速度比他们快得多。纳亚尔后来将当时的情况比作站在燃烧的大楼里，他只有两个选择：祈祷或者一跃跳向未知世界。

面对台下黑压压的观众，纳亚尔笑了。礼堂中突然响起了一首流行的宝莱坞歌曲。公司的大老板开始晃动脑袋和中年微微发福的身体。他在跳舞！纳亚尔走下讲台，继续在通道上跳舞。起初感到紧张的员工们逐渐将手举过头顶，开始鼓掌。当纳亚尔把其他人从座位上拉到通道上一起跳舞时，人们开始欢呼。整个礼堂都是纳亚尔的舞台，身后是紧跟着他的员工。当他满身

大汗、气喘吁吁地返回讲台时，观众席再次爆发出了欢呼声。

在台上完成又一次表演，赢得更大的欢呼后，纳亚尔整理了一下情绪，讲出了彻底改变公司管理结构、赋予一线员工更多自主权的设想。纳亚尔表示，他已经制定出了这份计划的主体框架，但他希望员工能够提出意见挑战他的观点，他认为员工的意见至关重要。纳亚尔后来回忆道："那听起来不像是一个浑身湿透、刚刚证明自己一点儿也不适合在公共场合跳舞的人会说的话。"他的无厘头策略奏效了。现场观众兴致勃勃地进行了两个小时的讨论。

纳亚尔那天跳舞，并不单纯是为了员工，他也对自己耍了一个心理学上的小把戏。公司董事会全权委托他进行一切必要的改革，但他害怕产生"我知道该做什么"的想法。他想找到一种方法，让自己听到外界的真正意见，同时对任何观点都保持开放心态。用滑稽的舞蹈自降身份后，纳亚尔就调整好了心态，做好了接纳各方意见的心理准备。跳完舞，展示了自身的不完美后，纳亚尔觉得他不再需要捍卫自己的专家形象了。

那一年在HCL科技公司全球的25场会议中，纳亚尔都重复了他的"跳舞法"。来自各个阶层的员工和管理人员都为他的改革提供了大量宝贵建议。3年后，HCL科技的营收翻了三番。他们击败了占据市场领先地位的竞争对手，获得了大笔订单，发展成价值高达60亿美元的强大企业。回顾转型过程，纳亚尔将成功归因于他用滑稽的舞蹈在公司上下激发出的良好心态。

自我感觉良好会让人变得愚蠢

成为专家的感觉好极了。这是成功、智慧与努力的标志，它给我们带来自尊和被需要的感觉。可就像过度活跃的模式识别能力一样，这种心态也会导致我们不由自主地进入"堑壕"状态。当我们认定某个自以为了解的信息时，我们的身份与自尊就会与我们构建的独特知识网络连接在一起，我们会捍卫自己的专家身份免受任何挑战，无论是与我们长期积累的知识不一致的新信息，还是质疑我们的观点的人。这只会让我们变得封闭狭隘与过度自信。更麻烦的是，我们获得的专业能力越多、越被认可为某个领域的专家，这种负面影响的作用就会越强。

还记得菲利普·泰特洛克的实验中专家们的糟糕表现吗？深入挖掘他的数据后你会发现，并不是所有专家的表现都在同一水平线上。那些经常被媒体称为"超级专家"的收入丰厚且被公众熟知的人，表现得尤其明显。他们对未来的预测特别糟糕，而且与现实差距悬殊。

"公开表态是人们在媒体上表现出最差一面的重要原因之一。"讨论他的研究发现时，泰特洛克对我说，"你不想让别人失望，所以你会匆忙得出结论。"广受称赞的专家以为自己能比其他人更清晰地看清世界，也不认为自己能从与个人观点相反的证据中获取有用信息。听到这里，我立刻回想起自己登台讲述我的讲故事理论时的情形，那时的我自信满满地驳斥了与我的世界观相矛盾的问题。泰特洛克警告说，**自尊心的提高可能导致我们过度自信，增加犯错的概率，降低我们从错误中吸取经验教训的能力，甚至可能让我们忽视犯错的现实。**

取得什么样的成就才会让你认同自己的专家身份并且会因此犯下错误呢？是登上美国有线电视新闻网（CNN）电视台做节目，还是《华尔街日报》刊登了一篇赞扬你的特写文章？还是说任何程度的成就都能让你产生专家心理？想知道答案，可以试试以下方法：

首先，从 1 到 7，对个人理财方面的知识进行打分。

其次，从 1 到 7，对自己对以下术语的了解程度进行打分。

- 税率等级
- 房产净值
- 终身保险
- 年度信贷额
- 通货膨胀
- 既定享受退休权利
- 固定利率扣减

- 固定利率按揭贷款
- 提前定级股票
- 罗斯个人退休账户
- 利息率
- 私募股权基金
- 退休
- 循环信贷

2015 年，康奈尔大学和杜兰大学的研究人员将这个测试发给了 100 名参与者，让他们在家里的电脑上完成这个测试。参与者不知道其中的 3 个词年度信贷额、固定利率扣减和提前定级股票是杜撰出来的，不可能有人熟悉这 3 种说法。但很多参与者声称，他们很了解这些术语，而那些在理财知识方面给自己打分很高的人最有可能做出这样的表述。

需要注意的是，参与者并不是为了取悦主持测试的人才说谎，他们是在家里的隐私环境下完成的测试。他们只是在欺骗自己，保护自己所谓的专家身份。其他与生物、文学、哲学和地理相关的测试也产生了类似结果。

在自认为专家的领域过于自信、心态狭隘是非常麻烦的事，因为多数人都存在自视过高的倾向。很多研究记录了这种通常被称为"优于平均思维"的现象。举个例子，93% 的美国司机认为自己的驾驶水平高于平均水平，就连因为自己的过错导致车祸而住进医院的司机也会高估自己的能力！斯坦福大学 87% 的 MBA 学生认为自己的能力强于大多数同行。在英国的一份研究中，监狱中的犯人认为自己比普通人更值得信任、更有道德、更加诚实。

也许自认为很了解"提前定级股票"这个不存在的概念无伤大雅，可如果我们自以为非常了解我们的产品市场或者客户，但事实又并非如此呢？

"优于平均思维"对企业管理人员评估自身与竞争对手的判断力会产生什么影响？对连续几年投资业绩优于平均的投资专家又会造成什么影响？事实一次又一次地证明，对自己的能力和专业技能过度自信会导致灾难性的后果。

"我们的情况好到不能再好，"吉米·凯恩（Jimmy Cayne）2003年接受《纽约时报》的采访时这样表示，"所以你必须问自己，怎么才能做得更好？我也不知道该做什么。"5年后，凯恩损失了95%的个人财富，还被《时代周刊》列为应为2008年金融危机负责的25人之一。凯恩做出上述评论时正在担任贝尔斯登（Bear Stearns）①的CEO，他也亲眼见证了这家华尔街老牌投资银行的倒闭。

还记得诺基亚吗？苹果推出iPhone时，这家芬兰巨头在手机行业占据了47%的惊人市场份额。诺基亚的工程师看不起iPhone，他们觉得自己的电池更好，这和他们当初以单手不能打开为由拒绝翻盖手机如出一辙。当斯蒂芬·埃隆（Stephen Elon）2010年接任诺基亚CEO时，公司已经举步维艰。他给团队传达的第一个信息就是：丢掉曾经的傲慢。"过去六七年中有很多例子证明，诺基亚了解市场趋势却选择了视而不见，我们以为自己懂得更多。"埃隆表示，"多年来，这对公司造成了严重伤害。"可斯蒂芬·埃隆出现得太晚了，已经无法拯救诺基亚这个曾经的市场领头羊，公司最终以极低的价格被微软收购。

---

① 成立于1923年，总部位于纽约，是美国华尔街第五大投资银行，在2008年的金融风暴中严重亏损，濒临破产而被收购。——编者注

想克服"优于平均思维"并不容易,特别是当一个人的权威就是建立在优于平均的基础之上时。身为领导,外界不正是期望我们至少在一定程度上拥有更强的能力吗?当纳亚尔走出舒适区跳起他那糟糕但又令人印象深刻的舞蹈时,他只希望对观众产生一个影响,那就是他可以放下自尊。可他面前的数千名观众、他的员工究竟怎么想呢?在充满不确定性的时期,那些追随我们的人难道不希望我们拿出坚定、自信且不会失败的态度吗?实际情况没我们想的那么夸张。大量证据表明,**对领导者来说,展现好奇心与包容心比提供重要答案更有价值**。近期的多个研究表明,自我膨胀的CEO倾向于进行风险更大的投资、为收购支付更多成本,从而导致公司前后表现出现波动。他们与手下管理人员的关系也会更差。

这也解释了为什么现在的人越来越欣赏谦逊的领导者,他们表现得更像是探险者,而非专家。根据2013年华盛顿大学和纽约州立大学布法罗分校的一项研究,**相比让员工感到不知所措的领导者,谦逊的领导者更有可能拥有投入度和满足感更高且更为忠诚的员工,也更容易获得更高的成就**。当《哈佛商业评论》(*Harvard Business Review*)邀请知名管理学作家列出他们心中的大师名单时,彼得·德鲁克(Peter Drucker)排名第一,排名第二的是斯坦福大学的吉姆·马奇(Jim March)。马奇研究了几十年行为经济学、组织心理学和统计学,发表了众多重量级论文,他的探索领域还包括文学、电影和诗歌。尽管世界各地的高管时常寻求他的建议,但马奇表示,他更愿意提供以下信息:

> 直到现在,我偶尔会做一些我自己戏称为"咨询"的事,但看起来总像是为了让别人请我吃午饭。如果有人打电话给我,说某个经理人想和我交流,我都想告诉他们,我几乎讲不出任何有用的东西……我觉得从这样的对话中发掘实用信息是很难的,但我有时可以从完全不同的角度看待问题,这能在一定程度上帮助他们。一般来说,那些经理人都非常明智,他们不会请我吃午饭,所以大部分

午饭钱都是我自己掏的。

尽管马奇在多个领域都是公认的最受尊敬的专家,他本人却拒绝这样的称号。相反,他强调自己是一个专注而热情的探险者。这种听起来过于谦虚的话实际上证明了他谦逊的内心,也是他防止自我膨胀的方法。马奇因此可以大胆地提出问题,在新的领域获取新的知识,不断扩充他的专业技能。

危急时刻应放慢行动速度

2005年3月29日,身体一直很健康的伊莱恩·布罗米利(Elaine Bromiley)住进了英国白金汉郡离家不远的一家医院,她是两个孩子的母亲。布罗米利多年来饱受鼻窦炎的困扰,这种病有时会导致她的脸部肿胀。医生告诉她,常规手术就能解决这个问题。

麻醉师对布罗米利进行麻醉后不久,就发现布罗米利的气管出现萎缩,他开始尝试将呼吸机导管插进患者喉咙中。经过几次失败的尝试后,麻醉师呼叫他人帮助,一名耳鼻喉科医生和一名高级麻醉师跑了进来。可他们的插管同样没有成功,布罗米利的情况开始变得危急。

患者在手术中停止呼吸时,医学界有一套固定的行为准则。一本手册上这样写道:"如果首要任务是供氧,不要浪费时间插管。"他们需要立刻进行气管切开术。

可在20多分钟时间里,医生们想尽了一切办法,想将呼吸管插进布罗米利的喉咙。病房中的护士后来报告称,他们想告诉医生采用气管切开术,但又担心说的话不符合自己的身份。不管怎么说,医生才是专家。布罗米利的脸变成了青紫色,她的手试图抓自己的脸,血压波动剧烈,一名护士将气管切开术需要的工具拿给了医生。可医生无视了这名护士。另一名护士给重症监护室打了电话,要求对方准备一张病床,但医生说她反应过度。

25 分钟后,医生们终于把呼吸管插进了布罗米利的喉咙。可对人类大脑来说,缺氧 25 分钟仿佛一辈子一样漫长。伊莱恩·布罗米利陷入了昏迷,一周后,家人撤掉了她的生命维持机器。健康的心脏让她的生命多维持了一周,最终在 4 月 11 日,布罗米利正式死亡。

布罗米利的医生坚持采用有缺陷的解决方案。尽管以往的训练要求他们进行气管切开术,尽管护士试图让他们改变治疗方法,尽管有明确信号表明布罗米利情况危急,但这些医生采用的始终是有缺陷的方案。在这可怕而痛苦的 25 分钟里,医生们徒劳地为陷入危急状态的患者插管,而没有选择本可以拯救患者生命的另一种治疗方案,原因不是他们没有经验或者能力不足。这是需要迅速采取行动时专家匆忙做出判断的经典案例。两名麻醉师和一名外科医生迅速采用了一种合理却致命的方案,一旦投入行动,他们就无法改变方向。

我们当然不能期望医生是完美的,现实中的错误也很难避免。可正如英国《新政治家》杂志(*New Statesman*)报道布罗米利事件的记者伊恩·莱斯利(Ian Leslie)所说,医院向来是危险之地。英国平均每年因为医疗事故死亡的人数多达 34 000 人。在美国,医疗事故是仅次于癌症和心脏病的第三大死因。而放眼全球,住进医院后病情出现恶化的可能性为 10%。

当人们在紧急情况下带着难题找到专家时,他们期望从专家那里获得什么样的答案呢?是模棱两可的回答,慢慢解决问题吗?当然不是。面对不确定时,人们期望专家能迅速给出确切的回答。但迅速形成的意见通常存在漏洞,而且一旦形成就很难改变。实际上,迅速形成的专家意见会扭曲我们对现实的看法。

第 6 章　放下专家的架子，留出更多的时间思考可能性

假设我们要进行一个小小的赌博。我会展示一张部分模糊的图片，你需要猜测图上是什么。你知道，在你之前猜测的人中大约有一半做出了正确回答。所以这是一个公平的赌博。但在这里，我要做出一些调整，你可以从两种看图形式中做出选择。第 1 种选择是，首先你会看到部分模糊的图片，接着图片会逐渐变得完全模糊，然后再做猜测。第 2 种选择与第 1 种相反，我们首先展示的是完全模糊的图片，再慢慢变为部分模糊。你会做出什么选择？你认为两种方式有区别吗？

大量参与者在实验室环境下完成这个实验后，结果让人震惊。选择了"先部分模糊再全部模糊"的人，猜中的概率仍为 50%。可选择了"先全部模糊再部分模糊"的人猜中的概率只有 25% 左右！为什么？因为他们忍不住提前做出猜测。一旦提前做出猜测，即便有明确证据表明他们猜错了，他们也拒绝改变主意。

阿里·克鲁格兰斯基（Arie Kruglanski）和唐娜·韦伯斯特（Donna Webster）将这种思维陷阱称作"抓取并停滞"。他们将这种思维陷阱的成因归结于人们对"了断感"的需求，并对此进行了大量研究。有高度了断需求的人更重视明确的回答，模棱两可的状态超过一定时间后会让他们产生不适感。面对一个不熟悉的挑战，有高度了断需求的人倾向于"抓取"一个早期解决方案后"停滞"，这意味着即便遇到麻烦他们也会坚持既有方案，他们会只关注证明自己方案有效的证据，而无视证明方案无效的证据。克鲁格兰斯基和韦伯斯特发现，如果一个人有展现自身能力出众的需求，比如外科医生，他们出现这种心态的可能性就会变大。

在高压及局势迅速发展的情况下，"抓取与停滞"能为人们提供一种稳定感。领导者会因此表现得坚强而富有决断力。可这种思维方式总是导致创造力低下，影响人们的信息处理能力，有时会导致人们做出灾难性的决定，就像伊莱恩·布罗米利的医生那样。

当然，医生要迅速选择一个方案，这样才能开始行动，这个道理也讲得通。患者需要氧气，他们没有时间考虑多种可能性。可问题在于，他们为什么"僵住"了？既然知道自己没有仔细思考多种选择，当选择的既定方案出错时，他们难道不该更容易承认自己犯错吗？具有讽刺意味的是，答案是否定的。克鲁格兰斯基和韦伯斯特证明，确定立场的速度越快，我们对自身立场的信心就会越强。这与"研究时间越长、考虑越多可能性后越有自信"的直觉反应截然相反。我们的大脑似乎认为，因为我们没有考虑过其他想法，所以其他方案要么不存在，要么不值得考虑。这就导致我们匆忙做出的选择变成了唯一"正确"的选择。

在时间紧迫、风险极大的环境下，想放弃专家判断探索其他选择就更加困难了。重压之下，我们觉得别无选择，只能缩小选择范围、迅速行动，为了迅速行动只能依赖专家思维，由此产生了"抓取并停滞"的心态。虽然高压环境无法避免，但我们可以提前准备，投入一个既能让我们迅速做出决断、又能在高压环境下让我们理性思考的思维流程之中。伊莱恩·布罗米利因为"抓取并停滞"的错误失去生命后，她的丈夫马丁就一直致力于将上述实践引入医院文化。

马丁·布罗米利（Martin Bromiley）是名经验丰富的飞行员，了解妻子插管失败的详细过程后他有了一种似曾相识的感觉。几十年来，自信过头又独断专行的客机飞行员们犯下了与伊莱恩·布罗米利的医生类似的错误，造成了数千条生命的损失。马丁·布罗米利回想起了一个可怕但又常见的例子。1989 年 1 月 8 日，英国米德兰航空公司的 92 号航班离开伦敦飞往贝尔法斯特。起飞后不久，飞行员发现其中一台发动机起火。根据标准操作流程，他关闭了发动机。问题本该就此解决，可飞行员失手关闭了完好无损的发动机，导致飞机在空中失去全部动力。当他通过机内广播系统向客舱广播飞机右边的发动机出现问题时，乘务人员和乘客都能清楚地看到着火的是左边的发动机。他们能看到驾驶舱内的飞行员看不到的景象，可没有一个人敢站出来说出真相。没过多久，飞机坠毁于 M1 高速公路的路堤。事故造成 47 人死亡，74 人严重受伤。

20 世纪 90 年代，航空业决心一次性根除专家匆忙做出判断、不断犯下愚蠢错误的现象。幸运的是，从 20 世纪 70 年代开始发展形成的一个解决方案得以适用于整个行业。机组资源管理（CRM）[①] 设定了一系列标准，削弱了机长的绝对权威地位：他们允许任何发现问题的人表达自己的观点，甚至赋予他们责任，坚持让所有人直接用名字称呼飞行员，为下属创造一种可以直接提出明确建议的氛围，不再像过去那样只能礼貌地提出新的可能选择。CRM 意识到，由于性格、环境和职位等多种因素，飞行员通常具有极高的了断需求。而 CRM 设置的系统与文化，让飞行员在合理思考和计划并做出决定前不断抗拒这种需求。

面对高压环境需要迅速采取行动时，我们似乎应该在周围环境中寻找最受尊敬的专家并服从他们的领导。这是一种公众普遍接受的观点，深深根植于人们的领导力及等级制度观念中。然而，在世界上风险最高的行业中，人们认为这是一种存在缺陷的思维方式。

"那些站在边缘脱离于整个事件的人通常才会看得更清楚。"马丁·布罗米利说。

还记得那些不敢坚持让伊莱恩·布罗米利的医生采用气管切开术的护士吗？这种情况不会出现在如今的飞行过程中，而马丁·布罗米利也下定决心，不再让这种情况日后继续出现在手术室里。就像以局外人身份为一个行业带来强有力变革的亚伯拉罕·沃尔德一样，马丁·布罗米利通过他的"临床人

[①] 指有效地利用所有可以利用的资源去识别、应对威胁，预防、觉察、改正差错，识别、处置非预期的航空器状态，从而达到安全高效飞行的目的。——编者注

为因素团队"（Clinical Human Factors Group）已经悄悄开始推动英国的医疗实践做出变革。

"我不是医疗领域的专家，我只是个飞行员。"马丁·布罗米利表示。尽管本人很谦虚，但马丁·布罗米利已经成为世界知名的医疗改革领军人物。

马丁·布罗米利的故事告诉我们，**效率出众的专家在出现危机时会放慢行动速度，倾听反对意见或不同寻常的观点。**一个人需要保持谦虚、开放和平静的心态才能做到这一点。假设我们是领导者，我们必然需要选择一套方案去执行。可如果本能告诉我们必须用少量时间做出选择、尽量留出更多时间去执行时，我们就很有可能落入"抓取并停滞"的陷阱。

巨蟒剧团的约翰·克利斯在表演中体验的生死危机尽管是虚构的，但仍然惊心动魄。他表示，即便面对最后期限带来的压力，提前留出充足时间也是取得创造力突破的关键。事实上，克利斯说那是他在喜剧表演上取得成功的关键。

巨蟒剧团里的一个同事比我有才，但他似乎总也不能像我一样创作出好的原创剧本，这引起了我的兴趣。观察了一段时间后，我逐渐明白了个中缘由。在遇到问题时，假如他很快发现了一个解决方法，他就会倾向于采用那个方法，即便在我看来他知道那个方法没有多少原创因素。当我面对同样的情况时，尽管我也特别想用简单的方法，想在5点之前就搞定工作，但我做不到。我会带着问题继续坐上1小时15分钟，这样一来，我总能找到更有创造性的解决办法。就是这么简单。我比他更有创意，只是因为我准备好了用更长的时间解决问题。

紧迫感是形成了断需求的主要原因。克利斯在创作剧本时当然也会遇到必须遵守的最后期限,所以在他的人生中,他同样拥有了断的客观需求。但他并没有像我们一样,把精力放在"最后期限前按时完成任务"这个普遍的紧迫感上,而是和自己达成了一份特殊的协议。他会把选择和确定创意的时间尽可能延后,提前尽可能多地留出探索各种可能的时间。尽管在细节完善方面做出了牺牲,但他用创造性的突破弥补了这一劣势。

实践这样的"延迟决定"并不是一件容易的事。其中一个原因在于,常见的专业做法是创造一个早期临时解决方案。面对复杂含糊的情况,对大脑来说,最简单的解决办法就是创造一个临时的实验性状态。我们告诉自己,这个状态是临时的,随着数据和新证据的出现,我们会改变想法。但多项研究显示,临时性的想法一旦形成,即便我们不会有意识地坚持,改变这种想法也会有极大的难度。和克利斯一样,我们作为探险者而非专家的挑战在于,能否留出更多时间、以更开放的心态去思考各种可能。即便身在手术室,很多决定也并非表面看起来那么紧迫,多考虑一会儿就能带来巨大的不同。

UNSAFE THINKING

打破常规的创新策略 3：
真正的专业是经验与创新并行

● 花时间做一些让自己再次成为初学者的事情

投身任何兼具挑战性和不熟悉感的事情都可以让认知获得更多的灵活性。做回初学者可以突破过度活跃的模式识别能力的限制,即便再回归专业领域也能极大地助推自己的创造力。

有在国外生活经历的人的创造力明显更强。如果不能离开生活的地方,你如何才能定期离开自己的专业领域呢？

● 不要浪费精力去做出一副专家的模样

正如菲利普·泰特洛克的研究那样，我们越是摆出专家的样子，犯错的可能性就越大，学习的速度也会越慢。尽管我们可能会担心承认自己容易犯错后没有人愿意追随我们，但研究显示，人们更喜欢谦虚的领导者。

维尼特·纳亚尔通过在数千人面前跳起难看的舞蹈而放下了自尊，你能做点什么，去提醒自己和受你领导的人，你希望成为探险者而非专家？

● 尽可能延迟做出重要决定

情况越是紧急，我们就越有可能"抓取"一个显而易见的解决方案并陷入"停滞"，而看不到各种证明我们选择错误的信号。正如航空业吸取的教训一样，在紧急情况出现前，我们需要投入精力不断练习，强迫自己慢下来，倾听更多意见，考虑更多选择。

约翰·克利斯最大限度扩充考虑时间的办法，就是不到最后一刻不做出选择。一旦做出决定，他就果断执行。如何才能增加自己的思考时间呢，哪怕只有10%？这一点点变化就可能带来决定性改变。

UNSAFE THINKING

HOW TO BE NIMBLE AND BOLD WHEN YOU NEED IT MOST

第 4 部分

策略 4，
相信直觉，也要相信反直觉

UNSAFE THINKING

尽管直觉是我们探索未知时不可或缺的向导,但它极具欺骗性,唯有将好的直觉与存在偏差的错误假设区分开来,我们才能抓住那些看似荒诞不经、实际却蕴含巨大创造力的创意与理念。

第 7 章

我们需要直觉，
但不要被直觉控制

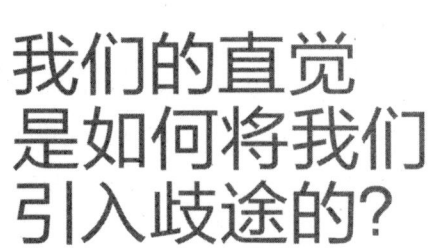

我们的直觉
是如何将我们
引入歧途的?

第 7 章　我们需要直觉，但不要被直觉控制

"他们第一次出现时，很多人都藏了起来。"威尔弗蕾达·阿古·奥凯奇（Wilfreda Agul Oketch）回忆起一群陌生人来到她所在的肯尼亚村庄，不问任何问题、只是寻找愿意接受现金的女性的那一天，"人们以为他们是神秘组织的教徒，会吸光我们的血。谁会毫无条件地送钱给别人呢？"奥凯奇当然也害怕，但她通过翻译告诉我，她自身的情况太糟糕了，这迫使她向前迈出了一步。"我的房子是铁皮做的，我没有床、没有椅子。"

奥凯奇想起几天后儿子跑来找她。"'你为什么哭诉说自己没钱？'他问我，'看，你的手机显示钱到账了！'"奥凯奇收到了 10 000 肯尼亚先令，大约相当于 100 美元。她表示，她用第一笔汇款买了一个金属门和一盏太阳能灯，从而省下了买煤油点灯的钱。接下来，她在墙上抹上了熟石灰，以后也不再需要定期用动物粪便填补墙上的漏洞了。当我问她，如果只靠自己，她需要多久才能攒上足够的钱对房子做出这样的修补时，她沉默了一会儿。"永远也攒不够。"她最终这样回答道。

几周过去了，没人来吸奥凯奇的血，也没人要求她给出任何回报。奥凯奇注册加入了由 GiveDirectly 这家慈善机构运营的一个极为特别的慈善项目。这个慈善机构的模式是：不问任何问题，直接把钱送给最穷的人。GiveDirectly 负责维护捐赠者关系的伊恩·巴辛（Ian Bassin）坦承，他们的

方法虽然听起来是善意的，但也显得不可靠，正如他们的受赠人的第一反应那样。"我的意思是，我们要求人们做的是他们心理本能上会抗拒的一些事情。"他说。

以下两种说法，你认同哪一个？

- 授人以鱼，不如授人以渔。
- 帮助一个有需求的人的最好方法，就是给他钱。

不论是捐出几美元帮助饥饿的孩子的普通人，还是那些在国际慈善事业上花费几十亿美元、对慈善捐助进行大量分析的人，几乎所有人都会选择第一种说法。穷人不仅缺钱，而且缺乏合理花钱的知识与责任心，这已经成为不言自明的真理。这就是大多数慈善机构花钱开设课程教育人们如何更好地生活的原因。

迈克尔·费伊（Michael Faye）、保罗·尼豪斯（Paul Niehaus）和他们在GiveDirectly的团队认为，国际援助的主流观点没有受到过挑战，这可能是个错误。费伊是哈佛大学经济学专业的毕业生，他和几个朋友想知道，穷人是否比其他人更了解自身需求。他们的确发现，类似巴西和墨西哥这样的国家曾经设置过直接支付现金的公共援助形式，并且取得了出人意料的好结果。于是他们决定创立一个小型捐赠圈，向肯尼亚最穷的人捐赠资金，每个穷人可以拿到1000美元。由于手机在肯尼亚已经普及，费伊和他的朋友发现，他们不需要传统的中间渠道就可以把钱直接转到受赠人的手机上。他们会严格考查捐赠资金的使用情况，但除此之外，他们不会提出更多问题。他们不会向受赠人提出任何建议，也不会对资金的使用目的提出限制。他们没有授人以渔。

这个实验的最初结果令人振奋。受赠人在资金使用方面做出了明智的选择，有人获得了长期渴望的医疗救助，有人开创了小生意，有人加盖了更坚固的屋顶，这是一项高回报的长期投入。和传统观点相反，没有人用这些钱买醉或者赌博。在费伊等人投入的这个项目中，有超过90%的资金直接进入了受赠人的口袋。

我接触的另一个受赠人玛格丽特·阿多约·拉楚奥略（Margaret Adoyo Rachuonyo）收到来自GiveDirectly的捐款时，她明确知道自己会用这些钱做什么。"因为没钱送成为孤儿的孙女上高中，我成了村子里的笑话。有了这些钱后，我买了课本和一套校服，送她去上了学。"

除了鼓舞人心的故事，独立学者对项目评估后也给出了积极的评价。费伊表示，那时他感觉这个模式已经做好了大规模推广的准备。"我们四处分享这个想法，很多人觉得我们疯了。"他对我说，"我记得哈佛商学院的一个教授建议我们设立一个小额贷款机构。谷歌说，'你们大脑发昏了吧？拿出证据让我们看看'。"

费伊他们拿出了证据，不久后，谷歌给了他们200万美元。几年后，GiveDirectly收到了来自一家互联网公司的联合创始人达斯廷·莫斯科维茨（Dustin Moskovitz）及妻子凯丽·图纳（Cari Tuna）设立的基金会捐赠的2500万美元。又过了几年，费伊的机构总共筹集到了超过1.3亿美元，用于无条件地赠予穷人。如今，GiveDirectly成了世界上最为高效的慈善机构之一。

为什么古老的"授人以渔"具有那么大的影响力？并不是因为有大量证据支持，而是这个说法看起来更像正确的观点。我敢打赌，即便读了GiveDirectly的故事，你仍然相信"授人以鱼，不如授人以渔"的说法。这是因为我们听过各种版本的"授人以渔"，听了太多遍，这种观念已经渗透进我们的直觉。我们不需要思考这种观念是否正确，就会本能地认为不会有错。

再思考一下费伊提出的反论。生活在富裕发达国家的人认为身边的很多穷人存在心理疾病、受过创伤，生活在社会边缘。发达国家的贫困问题是一个复杂的社会现象，公众对这样的人群普遍存在特定观点与偏见。但在很多发展中国家，很多人生活在赤贫状态下，仅仅是因为他们出生在那里。这些人不是社会边缘人物，也拥有足够的能力参与主流社会生活。这个观念开始改变你的本能反应了吗？这个观念至少改变了费伊和他的同事，而他们的慈善活动取得的惊人效果，正在改变整个慈善行业。

被几乎所有人视作疯狂的出色想法

突破通常来自追求与主流观点不一致的想法的人，而这些人也因此被视作怪人。他们的很多想法最初也与直觉相反，但那些被忽视的信息使他们开始怀疑，或许主流观点是错误的，也使他们说服自己即便面对拒绝与嘲讽也要继续前进。就在几年前，没有人会自愿坐上陌生人的车、住进一个从未谋面的陌生人的家里，或者将最重要、最敏感的文件上传到"云"这个抽象领域中。就像不提出任何问题就送钱一样，这样的商业模式与大众的本能存在矛盾。如果你有兴趣，为什么不让别人卖他们吃剩的食物呢？事实上，一直有人尝试类似想法，但成功率较低。

上述商业模式违反了人们的直觉，直到有一小部分人相信了它们并动手实践，公众的观点才开始出现逆转。没过多久，这就成了大众叫出租车、租房子、分享数据时的本能反应。现在，这些服务在我们的生活中已经变得不可或缺。

第 7 章　我们需要直觉，但不要被直觉控制

从本质上说，反直觉可以帮助我们探索其他人没有兴趣的多种可能性。按照知名创造力研究者罗伯特·斯滕伯格（Robert Sternberg）的说法，这就是反直觉能够带来众多创造性突破的关键原因。斯滕伯格用出色的投资人类比富有创造力的人，这样的投资人愿意把时间和金钱投给"被外界视作新奇或者略微荒谬"的想法。斯滕伯格表示，富有创造力的人总是善于发现"在创意世界低买高卖"的机会。他们不断投资低价创意，在这些创意得到普遍认同后收获回报。

当然，很多违反直觉的想法确实是错的。那些看起来错误的事，通常存在错误的理由。当我们考虑追逐一个反直觉的想法时，我们怎么才能确定是否要继续下去？走上全新道路时，我们很难找到足够的数据进行扎实的分析。**做违反直觉的事需要极大的勇气和决心。**

这样的勇气和决心源自哪里？由于仅靠分析无法证明不同寻常的想法是否正确，能否继续前进很大程度上只能依靠直觉。**具有讽刺意味的是，我们取得反直觉的突破并不是因为我们忽视了自己的直觉，而且因为我们在正确的时间听从了内心的声音。**

这大概就是大型企业的高管经常将直觉认定为个人最重要的资本的原因。通用电气的杰克·韦尔奇（Jack Welch）表示，好的决策"直接源自本能反应"。强生公司前 CEO 拉尔夫·拉森（Ralph Larsen）的一个著名观点就是，直觉水平的高低是区分中层管理人员和高管的指标。即便数据变得越来越丰富，出人意料的是，高管们最爱用的工具仍然是直觉。2014 年，一份面向超过 1000 名高管的调查显示，相比数据和他人的建议，直觉是商界领袖最为依赖的选择。

这么说来，我们应该一心追求他人眼中奇怪的想法吗？别急着下结论。尽管威力很强，但直觉变化无常、并不可靠。有些我们以为是直觉或本能的

反应，实际上并不是真正的直觉。这样的直觉可能存在偏差，它们只是我们将主流观点内化后的反应，充满了错误的模式化认知。

在接下来的3章内容里，我们的目标是学习如何获得有风险但又充满智慧、似乎与直觉最为矛盾的可"低买高卖"的创意，以此探索真正的直觉。首先，我们会了解直觉这个颇为神秘的感受究竟源自何处，为什么探索未知时我们需要直觉。尽管直觉是不可或缺的向导，但它极具欺骗性。所以我们将探索如何将好的直觉与存在偏差的错误假设区分开来。对于那些有意深入了解自身本能反应的人，科学为他们提供了大量可以强化的磨炼直觉能力的工具。最后，当我们能熟练掌握自身的直觉反应流程后，我们将研究如何抓住那些看似荒诞不经实际上却蕴含巨大创造力的创意与理念。

直觉是每个人都拥有的隐藏天赋

每个人每天都会产生直觉。假设我们正在评估一个复杂局面，一个闪念，我们的心里出现了一种"知晓感"。我们不会按照逻辑行事，或者追踪一系列线索，不会有理有据地得出一个观点。相反，我们产生了一种情绪化的感受，通常生理也会出现激动的反应，最终有意识地形成了一个想法。所以我们经常会说：心生直觉。

这种"知晓感"究竟来自何方？

通常我们所说的"直觉"，实际上指的是感受相似但实际区别很大的一系列心理历程。我们可以把直觉的第1个来源简单称为"潜意识流程"，大脑会有意识地、逻辑性地分析信息，如果达到有条理、连贯一致的感觉，直觉就随之出现。这一类的直觉在大脑中采用了与有意识思考相似的神经通路，得出的结论虽然难以解释或证明，但与那些有意识思考得出的结论同样"聪明"。其实，相比有意识的思考，这一类的直觉更具优势。大脑的潜在推理能力能够比有意识思考获取更多的信息。研究人员将我们的注意力比作冰山，有意识思考相当于冰山的表面部分。我们可以观察并意识到它的存在。而潜意识藏于表面之下，尽管能得出相似的结论，但它不可探知，覆盖的领域也更广。这种对潜意识的理解方式有助于消除其神秘感和魔幻色彩，使其变为我们更为熟悉的思维方式，只不过这些思维发生在我们看不见的地方。20世纪著名的心理学家赫伯特·西蒙（Herbert Simon）甚至表示，直觉"不过是冻结在习惯中的分析能力"。他解释道："我们总是在知觉系统的基础上得出结论，在这个系统中，我们能意识到感知的结果，却意识不到感知的步骤。"

潜意识思维为什么在逻辑思维面前显得这么奇特，原因可能在于：知晓感不是通过人类较晚形成的语言或理性神经通路而出现的，而是通过传递感知和感觉的更为古老的系统。这在一定程度上解释了为什么直觉的第一信号出现在身体和情绪上，同时也解释了我们获得"内心感受"却无法做出解释的原因。

直觉的第2个来源是丹尼尔·卡尼曼（Daniel Kahneman）及阿莫斯·特沃斯基（Amos Tversky）所说的"启发式"思维①，这是我们快速有效地理解复杂世界的心理捷径。换句话说，就是"仓促判断"。启发式思维根植于人类的心理构造，通常不受任何经历的影响。这些心理捷径并非学习得来，而是与生俱来。举个例子，我们直觉地"知道"接连发生的邻近事件很有可能具有因果关系，即便事实上不具有因果关系。另一种启发式思维告诉我们，

---

① 启发式理论直接来源于赫伯特·西蒙的研究。西蒙认为，在现实社会里，人们解决问题的有效方法是靠以往的经验，即采取经验法（也就是启发式，heuristics）。卡尼曼和特沃斯基以西蒙的研究为基础，进一步提出人们在不确定性世界中做判断依赖于有限的启发式。他们发现，人在不确定条件下进行判断和决策时常是非理性的，而且人们做出决策的偏差有规律可循。卡尼曼等人的这些研究发现引领了关于"启发式与偏差"的大量研究，对包括心理学、经济学、政治理论和医学等众多学科都产生了重要影响。——译者注

如果想知道一个人是否值得信任，我们可以将其性格与已知的可信任的人进行对比。

启发式思维与第一种发生在表面之下的直觉分析流程并不相同，通常两种思维流程会动用大脑的不同区域。卡尼曼等人将启发式思维流程称为"系统1"，将分析流程称为"系统2"。

尽管本质完全不一样，但这两种直觉给人的感觉是相同的。和潜意识分析流程一样，启发式思维会通过身体和感受传递它。两种流程都具有的瞬时性会因此带给我们极为相似的感受。潜意识分析通常需要一定时间才能形成，可由于我们不能意识到自己的大脑正在运转，导致这种分析流程带来的直觉结果就像是瞬间出现的一样。而启发式思维的出现确实是一念之间，这也是卡尼曼称之为"快思考"的原因。

当然，学者、哲学家、心理学家和神秘主义者所说的直觉并不是只有上述两种。不同文化背景的人们会将源自共同智慧或极度主观的宗教体验等定义为直觉感知。这些直觉已经超出了本书的讨论范围。我们的讨论范围限制在可以进行科学观察的直觉类型，也就是潜意识分析流程和启发式思维。

理想状态下，直觉具有惊人威力。我们可以找出几个简单的例子。

一名F1赛车手正在接近一个U形弯道，他在高速状态下已经进行过上千次类似的转弯练习。可这一次他突然产生了强烈的紧急刹车的冲动，他听从直觉指挥踩了刹车，及时躲避了赛道前方不可预见的多车相撞事故。这名车手也不知道他为什么会踩刹车，但他知道这个决定很可能救了自己的性命。和一群司法心理学家一起看过事故录像后，车手才意识到自己的潜意识捕捉到了什么线索。录像显示，现场观众并没有看车手，而是紧张地盯着赛道远处，这暗示着前方出现了重大问题。

莫扎特在写给朋友的一封信里讲述了自己创作交响曲的流程。"我不知道灵感从何而来，如何而来。"莫扎特解释道，"我在想象中听到的不是连续的乐章，而是同时听到了所有乐章。因此，我会很快在纸上写下乐谱，就像我说的那样，它们很快就消失了。写在纸上的乐谱和我想象中的基本没有区别。"在莫扎特的描述中，潜意识浮现时会伴随十足的愉悦感。乐谱仿佛是别人写出来的一样，他可以享受这些音乐。这足以说明潜意识在莫扎特的意识层次中埋藏的深度。

特拉维夫大学主持的一项研究的参与者接到了一个看似无解的数学挑战，他们需要在左右两组数字中挑出一组平均值更高的数字。屏幕上会闪现 2～4 对数字，每两秒钟更换一次。人们几乎没有足够的时间看清所有数字，更不要说把两边的数字相加得出平均值再比较大小。出现 6 对数字时，参与者有 65% 的概率可以选对正确的答案，这远高于 50% 的平均概率。当出现 24 对足以让人麻木的数字时，人们"猜"对的概率达到了 90%，感觉确实像在猜。当意识处于巨大劣势、被彻底压制时，研究人员解放了几乎所有实验参与者心中都存在的一个天才。

与上述 3 种直觉活动的例子相对应，研究人员也确定了 3 种尤其适合依靠直觉进行判断的情况。第 1 种情况是时间紧迫。F1 赛车手没有时间考虑所有选择，他只有刹车与否两个选择，直觉依赖拯救了他的生命。第 2 种情况是遇到一个复杂但又缺乏明确定义的问题，谱写大师级的交响乐就是这样的问题。尽管指导方针和优秀前作能够起到一定帮助作用，但这不等于原创。真空环境下，当现有规则与分析纷纷失效时，直觉就变得极为宝贵。第 3 种情况，面对的信息过多或过少时，我们也需要直觉。前面提到的数学研究的参与者短时间内收到了大量数据，他们别无选择只能依靠直觉，这有点像启发式思维，人们心里产生了正确答案的感觉。人们越是被迫这么做，他们的计算准确率就越高。

直觉让我们得以接触平时无法接触的内心中的天才。当建立在错误假设基础上的自大且过时的传统观念横行于世时，我们尤其需要这样的直觉。想要发现其他人错过的模式，想在创意世界"低买高卖"，面对拒绝与嘲讽还能坚持自我，我们需要直觉这个极其重要的思维能力。

尽管非常重要，但直觉并不总比有意识的分析思考更聪明，或者一样聪明。和有意识思维一样，潜意识也有可能选中错误的模式，将我们引入错误的结论。如果"授人以渔"的话听过太多遍，这个谚语就会被我们内化，充斥于我们的潜意识知识体系之中。另外，从字面来看，"启发式"通常也会与"偏差"交替。启发式思维可以应用于很多场景，但有时也会让我们犯下重大错误。

直觉与偏差

若是提到卓越的直觉能力，恐怕没有人能比得上硅谷投资人。即使处在一个凡事都变得越来越复杂、越来越模棱两可的世界，风险投资面临的挑战也仍然显得极为突出。天使投资人和风险投资人需要在拥有过多或过少信息的情况下迅速做出判断。他们做出投资和希望解决的问题通常都会存在定义偏差和没有先例的情况。识别出其他人看不到的模式是他们成功的关键，他们的声誉就是建立在能够发现新颖独特但又违反直觉的、能够颠覆世界的商业模式之上。

一个人似乎只有依靠强烈的直觉才能在这些投资人所在的环境中生存，我们也经常听到他们吹嘘自己的直觉。可他们的直觉到底有多优秀？他们能否区分可靠的直觉与固执的偏见？前者可以帮助他们捕捉别人错过的机会，后者则是无端的直觉，会导致人们随波逐流。这听起来像是一个没有准确答案的问题，但现实的数据为我们了解"创造神话"的投资人提供了更为清晰

第 7 章 我们需要直觉，但不要被直觉控制

的图像。这个答案可以让所有人真正了解直觉的工作原理，以及有些时候直觉不起作用的原因。

全世界每年发生的天使投资与风险投资数额高达数百亿美元，沃顿商学院的劳拉·黄（Laura Huang）认为，了解投资人选择投资对象时究竟在想什么，会是一个很有用的研究课题。比方说，你要把 5 万美元投给一个目前还停留在创意阶段但日后有可能带来数千万美元回报的公司，最开始你怎么决定选择哪家公司呢？天使投资人做出投资决定，到底是根据收到的融资演讲稿、更广泛的市场分析、对创业者个人的偏爱还是投资有朝一日可能获得巨额回报的直觉感受？劳拉·黄本可以直接询问投资人，但她知道在复杂决策问题上，人们极其不愿意准确描述自己的决策流程。于是她和几个同事用两年时间打入 5 家天使投资公司，近距离观察投资决策流程的每一步。

劳拉·黄的数据分析，让我们深入了解了一个至今包裹在神秘光环下的流程。她发现，投资人在早期投资阶段会有意地将注意力集中在两个类别上。第 1 类是数据，也就是他们从财务报表、创业者对未来战略的展示、对市场环境更广泛的研究以及其他能从各类报表中获得的信息。在这里，他们使用的是纯粹的数据分析。投资人关注的第 2 个类别，是他们对创业者本人的看法。他们相信这个人吗？他或她看起来是否拥有曾经为投资人带来过成功的那些创业者所拥有的气质呢？这笔投资给你的感觉对吗？这种数据不会出现在任何财务报表上，而投资人们却不加掩饰地依赖自己的情绪和直觉。

"我就是这么做决定的……我只是靠直觉……你得相信直觉，每次相信直觉我都能得到好结果。"一名投资人对劳拉·黄的调查员这样说道，"有时和创业者见面不到 5 秒钟，你对他们的感觉、对他们本人的整体感知就会决定一切。"和泰特洛克研究的思维僵化的专家不同，这些投资人不会有意识

地适用某个心理模式，他们会跟随自己的感觉和身体反应。劳拉·黄表示，她听投资人说过，"你知道啊，我揉了揉肚子就决定投资了，我就是这么做出投资决定的。"

劳拉·黄研究的投资人寻找的主要是数据与直觉相匹配的投资机会。她表示，理想状态下：

企业生存能力 + 对创业者的感觉 = 投资决定

不过这个简单的公式存在一个问题：投资人寻找的是所谓的"本垒打"，也就是其他人没有发现的廉价的投资机会。这就是他们能够做到低买高卖的原因。如果一个企业的生存能力极强，创业者又很有魅力，任何人都愿意投资这样的机会。可在这种情况下想完成"本垒打"已经为时过晚。想要抓住隐藏的机会，投资人需要做一些违反直觉的事，看到常人看不到的亮点。当上述公式不成立时，当数据与创业者让人无法抗拒的个人魅力存在小小矛盾时，投资人在这些情况下必须愿意做出投资。当两种因素不吻合时，投资人会偏向哪种因素？他们会严重依赖对一个人的直观感受，而远离数据分析。一名投资人这样描述了这种常见策略："我试图发掘未经雕琢的璞玉，也就是看起来非常夸张，但又有可能变为现实的机会。因为有合适的人，他们愿意把荒谬变为真正具有颠覆性的创造。"另一个人更加直白地表示："我不在乎财务数据……或者商业计划……我更在意的是创业者本人。我最成功的投资就是相信直觉做出的决定……那时我只相信自己对创业者的直觉，而过滤了其他所有信息。"

"直觉比任何商业数据都重要。"劳拉·黄总结道。

劳拉·黄让我们更深入地了解了投资人如何在投资阶段的早期利用直

觉进行投资，但我对大手笔投资同样充满兴趣。当一家公司获得天使轮投资进入成长阶段时，他们寻求的风险投资不再只有几千美元，而是有可能高达几百万美元。到了这时，直觉还会成为人们做出决定的驱动力吗？为了回答这个问题，我找到了特里什·科斯特洛（Trish Costello）。科斯特洛没有像劳拉·黄那样进行学术分析，她的观点源自协助创建现代风险资本行业的经历。

1991 年，身为医药公司高管的亿万富翁查尔斯·尤因·考夫曼（Charles Ewing Kauffman）为自己的财富确定了用武之地。他要做一个慈善家，而他投入的是慈善机构从未涉及的领域：创业。他找到了科斯特洛，让她加入了基金会的管理团队。

"这件事太超前了，美国国税局用了好几年时间才搞明白创业是否具有社会公益性。"科斯特洛谈起当时设立这家自己领导了 15 年的非营利性机构时表示，"按照法律规定，我们需要在一年时间里花掉 1 亿美元。所以我们希望创造尽可能大的影响力。那时，风险投资还处于家庭作坊阶段，只有美国东海岸的有钱人家会做这种事。我们知道培训创业者的作用很大，但培养风险投资人的影响力会出现指数级增长，他们会对自己投资的成千上万名创业者产生影响。"

科斯特洛表示，考夫曼培训出来的风险投资人如今一年的投资金额可达 450 亿美元。这些年来，她亲眼见证了这个行业的成长与成熟，但有一个环节仍然保持着相当程度的稳定性，那就是风险投资人在做出投资决定时，很大程度上依靠的仍然是直觉感受。

"他们会说，他们就是知道该那么做。指尖会激动得颤抖起来。"如今运营着创业投资平台 Portfolia 的科斯特洛这样评价风险投资人的普遍感受，Portfolia 是一个致力于引领更多女性进入风险投资领域的投资基金，"风险投资人喜欢维持这种神秘感。直觉不是能传授给别人的知识,他们觉得这能让他们与众不同。拥有这种天赋的风险投资人少之又少,但对很多人来说,这是个效果并不出色的模式识别方法。"

聊到这里,科斯特洛问我是否读过《戴安娜报告》(*Diana Report*),我说读过。也正是因为这份报告,硅谷的很多所谓超级直觉神话逐一破灭。

2011年到2013年,拥有女性CEO的公司获得的风险投资金额为15亿美元,而由男性领导的公司获得的风投金额是这个数字的34倍。85%的获得风险投资的公司的管理团队中没有一名女性。由百森商学院的研究人员撰写的《戴安娜报告》从1999年开始就在持续关注风险投资对女性的偏见,他们的研究发现让人们对这个行业的现状感到失望。

投资人的直觉很大程度上取决于他们对创业者的个人感觉,而投资人本能地认为女性不懂怎么运营成功的企业。事实上,2014年哈佛大学的一项研究发现,当男性和女性推销同一个创意时,有经验的投资人面对男性时决定投资的概率为60%。整个行业存在明确的模式识别思维方式,可这种思维方式准确吗?即便在风险投资这个案例中不存在政治正确,这种内心中的"知晓感"能像F1赛车手或者特拉维夫大学数学估算实验里的人那样,帮助人们有效地做出决策吗?

对那些自认为拥有黄金直觉的投资人来说,他们的数据就不怎么好看了。事实证明,女性领导者取得成功的可能性更高,而非更低。最近一份针对22 000家上市公司的研究发现,领导岗位中女性的比例从0提高到30%时,公司的盈利能力会相应出现15%的提高。别忘了,获得风险投资的公司中,85%的公司女性领导者的比例为0。考夫曼基金会近期发现,女性科技创业者利用投资获得的收益平均比男性同行高出35%。在创业期拥有5名或5名以上女性的创业公司的成功率达到了61%,远高于整个行业标准的 25%～50% 的成功率。我们可以就此打住，但相似的研究结果还有很多。

"很多年来的普遍思维是，女性需要做特定的事去改变自己。"《戴安娜报告》的作者之一坎迪达·布拉什（Candida Brush）告诉我，"不过现在不是这样了。数据已经证明，这个行业存在问题。"这是对近年来靠有远见的投资赚得数十亿美元的行业的相当强烈的批评。而那些所谓的"本垒打"，实际上远比人们想象的要少。从 1997 年开始，投资人获得的回报一直低于他们的支出。过去 10 年，风险投资的收益率也没有超过大众投资市场。从整体上看，这些直觉天才似乎只能为投资提供无效甚至负面的价值。"他们是世界的颠覆者，可除非发生在自己身上，他们很难看到自己正在被颠覆。"科斯特洛这样评价她协助创立的风险投资机构。

布拉什表示，尽管指出市场的这一显著盲点有可能导致大量使用这一数据的投资人低价买入没有人投资的领域，但整个风险投资行业对此的态度则是不屑一顾。"发布这份报告后，我们获得了十亿级的媒体关注。"布拉什表示，"我接受了无数电视和电台采访。一家风险投资公司打来电话，说他们愿意在这方面做点什么。就一家。""最近一个非常成功的风险投资人告诉我，向女性投资纯粹是出于公关考虑。"科斯特洛无奈地表示。

所以，现实究竟是怎么回事？本该理性思考并行动的投资人却严重依赖本能直觉，而影响他们的通常不是隐藏在潜意识中的"天才"。他们不去把握由女性领导的企业提供的机会，而是成群结队地远离这样的机会。当大量的证明这一现实的数据摆在他们面前时，他们仍然无动于衷。"依靠直觉的投资人可以发现出色的机会。"劳拉·黄在她的研究中总结道。但她告诉我，投资人也会迷茫。"你可以说自己靠直觉，但你也有可能把这当作偏见的借口。"

面对复杂情况或者需要迅速做出决定时，我们已经见识到了直觉在模式识别上的强大威力；此外，直觉也是创造力不可或缺的组成部分。**可我们必须警惕可能将我们引入歧途的错误直觉，这样的错误直觉会导致我们以自身永远无法意识到的偏见为基础，做出错误的决定。**下一步，我们会了解如何提防这些偏见，从而让自己利用好真正的直觉，避免使我们陷入表面安全的思维陷阱的错误信息。

第 8 章

驾驭直觉,
让直觉更值得信任

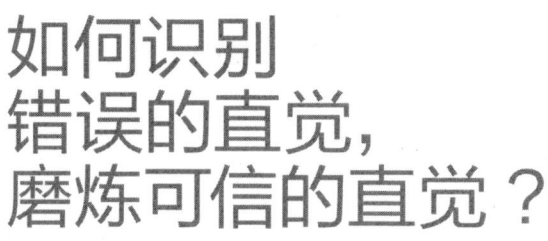

如何识别
错误的直觉,
磨炼可信的直觉?

首先，让我们先来考验一下自己的直觉。你觉得英语中以字母 K 开头的单词多，还是第 3 个字母为 K 的单词多？

若是想通过数据分析得到答案，你不仅需要一本字典，还要耗费大量时间。而直觉会立刻奉上一个答案。当丹尼尔·卡尼曼和阿莫斯·特沃斯基向很多聪明人提出这个问题时，很多人给出的都是错误的回答。超过 2/3 的人认为首字母为 K 的单词比第 3 个字母为 K 的单词更多。实际上，第 3 个字母为 K 的英文单词是首字母为 K 的单词数量的两倍。

不要把偏见当直觉

为什么多数人在这个问题上的直觉错得如此离谱？为什么这个问题具有重要意义？卡尼曼和特沃斯基对此的解释震撼了整个世界对人类决策流程的看法，卡尼曼也因此获得了诺贝尔奖。他们证明了，直觉很多时候只是错误的启发式思维或者偏见。前面提到的这个案例中，被测对象成了"易得性偏差"的受害者。这种存在缺陷的思维方式导致人们总是过于看重容易回忆起的事物的重要性和出现的可能性。我们很容易想起"风筝"（kite）、"小猫"（kitten）和"踢"（kick）这样的单词，尽管像"湖"（lake）、"喜欢"（like）

和"堤坝"（dike）这样的词数量更多。

劳拉·黄研究的一个投资人自豪地回忆起凭借直觉避免的一个投资时，完美地描述出了工作环境中的易得性偏差。"创业者进入的是一个价值650亿美元的市场，我认为他的创业可以占领很大的市场份额。"请注意，他描述的是他在工作中的分析体系。接下来，再观察直觉如何起作用。"但是，他让我想起了我之前损失了一大笔投资的原因。他的眼神和那个创业者一样可笑，而且他们都使用了'如果……就……'这样的陈述方式，这立刻把我拉回了过去的噩梦，让我……远离650亿美元的市场……谁会这么做？这是最让人痛苦的决定之一，我为此经常失眠。"

这个投资人遭受的重大损失，显然对他产生了持久的影响。所以当他在新的创业者身上看到某些相似特征时，他产生了强烈的自信，认为自己识别出了某种模式，应该放弃这笔投资。注意，投资人在这里完全不需要分析，就很轻易地做出了一个决定。那么，当一个女性创业者走到凭借直觉做决定的男性投资人面前时，会发生什么呢？记住，这个投资人知道他要在创业者身上寻找"就是这种感觉"的感觉，可连他自己都不知道那是什么意思。但只要看到，他就知道。他的大脑在幕后寻找着可以与眼前的女性匹配的容易回忆的积极情绪体验。但从表面上看，她无论形象、行为方式还是说话方式都与投资人之前投资过的男性创业者不一样。就像中间有字母K的单词一样，投资人很难想起与女性创业者相符的回忆。她成功的可能性突然间迅速减少。也许在这个时候，理性分析思维会告诉他："你知道吗？我们真的应该再给她一个机会。"可直觉却"知道"这个机会不对。所以他选择了放弃。尽管他以为自己本能地识别出了一种模式，可实际上他只是过度依赖细枝末节或者有限的信息。

即便风险投资人不受易得性偏差的影响，熟悉度偏差也会经常影响到他们。这种偏差导致我们倾向于投资已知领域，即便数据不支持，我们也不愿意向未知领域投资。受此影响，新手平均会将401（K）① 企业退休年金中约30%的可投资部分用于投资本公司股票。这种偏差导致德国商学院的学生对德国股市比对美国股市更为乐观，而美国学生正好相反。这种偏差甚至还会导致职业资本管理人将客户的钱过多地投入本地企业，这样的情况在各个地区都随处可见。这种由偏差推动产生的决定毫无理性可言，可这样的现象又极为普遍，甚至给人一种不可抗拒的感觉。这种偏差又是怎么解释外界对女性领导的企业存在的非理性的怀疑呢？思考一下：风险投资人中，只有不到10%是女性。女性创业者通常要面对一群男性，而他们的大脑已经做好准备，寻找给与他们类似的人投资的机会。

"人们成为风险投资人，通常是因为他们从某个公司套现赚到了钱。"百森商学院的坎迪达·布拉什解释道，"他们会从老公司找人合作。一般来说，他们真正了解的只有4个人。他们认为留在相同跑道、寻求相同的资源是最保险的做法。"

当风险投资人面对不熟悉的情况时，他们的第一反应总是不直接给出明确答复。我接触的很多女性都有过更加让人沮丧的经历。"他们会说，让我回家跟妻子商量一下。"特里什·科斯特洛对我说，"女性带着大量数据找到他们，而他们直接简化成了个案试验。"这就好像投资人潜意识中认为自己不熟悉女性创业者，于是寄希望于他们的妻子也许能更容易理解对方。"她和我不一样，可如果她和我的妻子差不多，也许就值得投资。"

遭遇一系列类似事件后，创业公司Civilize的创始人萨拉·纳达夫（Sarah Nadav）在网络平台Medium发泄了她的不满。

---

① 401（K）是美国的企业年金，始于20世纪80年代初，是一种由雇员、雇主共同缴费建立起来的完全基金式的养老保险制度。——编者注

投资人们，可能你们自己没有意识到，但你们无时无刻不在拿我们和你们的妻子对比。你们这么做，我们特别尴尬。每次我们都想告诉你们，快闭嘴吧。但我们不能这么说，因为我们想得到投资，所以只能摆出友善的面孔……如果想知道为什么不会再有女性创业者找你们投资了，因为我们彼此会有交流，我们会警告对方，了解这个现实，好好思考一下。如果再也没有女性向你们推销创意，那不是渠道问题，那是你们的问题。

纳达夫的故事展现了熟悉度偏差的雪球效应。男性偏爱和他们一样的创业者，在创业推介会上，他们会隐晦地表达出这个观念。女性得到的资金会更少，并且会因此感到气馁与愤怒。她们不会再去寻找机会，这又导致女性创业者的形象在这些投资人心中变得更加陌生。

学者对认知偏差的研究显示，即使没有"女性只属于家庭""有孩子会导致她们工作分心"这些观念的影响，投资人也会形成不愿意投资女性创业者的心理。此外，启发式偏差并不容易消除。即使看到与自己存在偏见的判断相矛盾的证据，人们也不会轻易改变想法。实际上，人们在更多时候会变得更坚持己见。我们在读过《戴安娜报告》的投资人身上看到了这种反应，即便意识到自己错失了机会，他们也仍然会依赖自身的"女性主导的公司不是好机会"的本能感受。

不要把情绪当直觉

认知偏差相当邪恶，但又难以克服，可这并不是扰乱我们的直觉的唯一因素。**由于直觉会沿着"情感高速"一路抵达注意力这个终点，所以它也经常受到我们自身情绪的无用的甚至负面的影响。**

第 8 章 驾驭直觉,让直觉更值得信任

无论身在哪里,王安都会将自己的不满小心地收纳在精心裁剪的西服口袋里,这张小小的纸质计分卡记录了他的公司与主要对手 IBM 的竞争状态。王安说,这能让他保持专注与动力。

在人们的印象中,身形瘦削、总是戴着领结的王安并不是一个愤怒的人,认识他的人说他害羞又有礼貌。可据自传作家悉尼·芬克尔斯坦(Sidney Finkelstein)所说,王安认为 IBM 在他职业生涯的早期欺骗了他,所以他对这家公司怀有极大的愤怒。王安的强烈复仇欲望在 1985 年王安实验室(Wang Laboratories)的极富对抗意味的广告中有了最佳体现。广告中,一个沾沾自喜的 IBM 高管坐在办公桌边,愉快地驱赶着象征竞争对手的苍蝇。随后,一架装备齐全的武装直升机出现在他面前,背景响起一个声音,"王,我们瞄准 IBM 了。"

王安 1945 年离开中国,抵达美国时几乎身无分文。1947 年,他进入哈佛大学攻读硕士学位。4 年后,他发明出了磁芯存储器,这个甜甜圈大小的金属片后来成为早期电脑的重要组成部分。王安知道自己的发明具有重大价值,他提出将自己即将获得的专利授权给 IBM 公司。那时的王安非常推崇 IBM 公司,认为他们是电子产业界的标杆。可双方的谈判从一开始就很不顺利,王安在自传中称 IBM 的策略为"百无禁忌、冷酷无情式的竞争"。最初,王安只是觉得 IBM 的做法让人反感。可随着对话不断深入,谈判双方直接转为敌对。局势不断恶化的情况下,另一名发明家突然对王安申请专利权提出了诉讼。王安怀疑这个诉讼是由 IBM 在背后操控的,但他无法证明。由于谈判地位受到打击,谈判环境不断恶化,王安最终只能以 40 万美元的价格将专利授权给 IBM,这远低于双方最初讨论的数字。王安后来赢得了专利权诉讼。王安说,他就是在那时发誓一定要让 IBM 付出代价。王安取得了成功,在几十年时间里,他成功地在 IBM 这个巨无霸身边创造出了一个价值数十亿美元的企业。

完成了第一笔让人失望的交易后，王安将注意力转移到了计算器上，这是又一个由 IBM 统治的行业，在他看来，这个行业未来会更依赖电子元件，而非机械零件。他迅速采取行动，在 20 世纪 60 年代制造出了世界上最先进的机器。王安对自己的判断越来越有信心，他也发展成为一个典型的受直觉驱动的领导者。没过多久，他又做出了一个出色的判断。当王安的公司在计算器市场达到顶峰时，他突然宣称这个市场即将饱和，自己决定向新市场进军。"市场会出现改变，人的品位会发生改变，所以在这些市场中参与竞争的公司和个人都必须做出改变。"王安写道。王安顶住了公司内部要求保留计算器业务的重大压力，转而研发世界上速度最快的文字处理器。除了新机器大获成功带来的喜悦外，王安的这个运作还正好踩到了 IBM 的痛脚，后者的很大一部分营收恰好来自打字机。

到 1983 年，王安实验室已经成为一家超大型公司。20 世纪 80 年代初，公司每年的增长率都高达 60%，他们的文字处理器业务看上去无懈可击。然而那时新出现的一个竞品，彻底颠覆了计算器产业，那就是个人计算机。在这项业务上，IBM 走在了前面。那一年，《时代周刊》将个人计算机奉为"年度机器"。而王安就像一个嫉妒的父亲一样，痛斥个人计算机为"我听说过的最愚蠢的东西"。

尽管拥有让公司从文字处理器业务转型到个人计算机业务上的一切资源，但王安在这个新市场面前犹豫了。他把个人计算机与 IBM 联系在了一起，投资这个业务意味着他心爱的文字处理器将走向灭亡。受强烈的个人感情影响，他对自己的直觉无比自信，可这一次，他没能看到正确的模式。王安最终还是带着一肚子怨气进入了个人计算机市场，即便那时也不算晚。悲剧的是，对 IBM 的仇恨又一次导致王安做出了一个大胆、违反常规并错误的决定，他没有选择生产可以兼容 IBM 系统的计算机，而是另起炉灶创造了王安系统。王安系统始终没有打开市场，到 1990 年时，他的公司已经摇摇欲坠。没过多久王安就去世了。

王安放弃繁荣发展的计算器业务专攻新型的文字处理器，这是追逐在其他人眼中极度反直觉的直觉的经典案例，这种具有深度缺陷的直觉反而带来了创造性突破。但王安后来的故事同样告诉我们，我们也许自认为凭借出色的直觉做出了优秀的判断，而实际上那只是情绪误导的产物。

最近一项有关在决策时加入感情因素对行为产生的影响的研究，明确显示了情感的强大误导作用。剑桥大学的研究人员巴纳比·邓恩（Barnaby Dunn）想知道，他能否在直觉性决策诞生的瞬间捕捉到这种活动。为此他设计了一个实验，参与者需要学习一个没有明显取胜策略的牌类游戏。但这并非随机的游戏，只是很难找到明确的提高水平的方法。实验开始前，邓恩会给每个参与者连上测试心率和出汗量的机器。

大多数参与者最终都找到了各自偏爱的策略，但他们描述不出这些策略，只是表示他们依赖的是直觉和本能，而不是理性。邓恩在机器上可以看到，当参与者逐渐形成策略时，他们的心跳会加速，指尖也会开始冒汗。衡量参与者是否意识到自身的生理变化时，邓恩发现，有些人具有高度自我意识，而另一些人则全然不知。参与者越是能意识到自身生理上的变化，他们就越能针对这些信号做出反应，从而更快地执行相关策略。然而，这并不等于他们的策略总能起到作用。

对一部分人来说，迅速采取行动意味着迅速取胜。但对另一部分人来说，倾听内心感受会导致他们迅速走入死胡同。**这个结果表明，越是重视自身情感，我们依靠直觉行动的信心就会越强。然而，这并不意味着我们的情感是毫无缺陷的向导。**

让反直觉成为一种本能

在决定是否应该跟随直觉和本能时,我们总会面对诸多因素,那么我们究竟应该怎么做呢?如果我们想要寻求并实施反直觉的突破,彻底放弃直觉显然是不合理的;可直觉总是存在缺陷,追随直觉是否真的可行呢?

我向自己遇到的每一个研究直觉的人都提出了这些问题。他们给出的答案略有不同,但他们提出的建议在本质上都是相同的。

直觉研究领域的领导者罗宾·霍格思(Robin Hogarth)对此文雅地总结道:"情感是需要加以解释的数据。"霍格思告诉我,换句话说,我们应该把直觉看作巧妙的假设。我们不应无视它们。我们应该大方地和同事公开讨论直觉。直觉应当受到重视。在不确定的环境下需要做出艰难决定时,我们理应重视自己的直觉。**但就像面对任何假设一样,我们只有在经过质疑、检验直觉并排除了认知与情感偏差后,才能相信直觉。**

但说起来容易做起来难,我想知道如何让这样的思维方式融入我们的日常生活。我发现学术界对这个问题的表述略显模糊,所以我开始寻找既依赖直觉又时常挑战直觉的机构。

当我在 2017 年年初前往加州埃默里维尔(Emeryville)拜访埃德·卡姆尔(Ed Catmull)时,我不知道他心情如何。那时距离奥斯卡颁奖典礼还有一个月时间,那是皮克斯动画工作室历史上第一次没有获得任何动画类奖项的提名。卡姆尔不仅是皮克斯的联合创始人,还是公司当时的领导者。媒体开始质疑皮克斯是否正在丧失创作活力。《海底总动员 2:多莉去哪儿》在 2016 年确实获得了超过 10 亿美元的全球票房,但没有人认为这部动画片能和迪士尼的《疯狂动物城》及《海洋奇缘》相提并论。迪士尼的创作能力超越皮克斯了吗? 10 年前不会有人提出这样的问题。当然,迪士尼的成功在很大程度上也要归功于卡姆尔,他也是沃尔特·迪士尼动画工作室的总裁。然而我感觉,长年掌管皮克斯的他对公司深陷重围的状态并不是那么介意。相反,当情况发生变化时,他看起来也很放松。他表示,一切正在按计划进行。两家动画工作室正互相促进,以旁人无法企及的速度迅速发展。"迪士尼收购皮克斯时,约翰·拉塞特(John Lasseter)和我都有种直觉,我们需要让两个团队保持独立。"卡姆尔解释道。他的声音温柔、神态放松,看上去更像是瘦削的青少年,而非 70 多岁的企业高管,"史蒂夫·乔布斯说我们的战线拉得过长,但我对这个问题有很强烈的主张,最终他还是听了我的意见。"

合并两家工作室可以大幅提高效率,还能减少同时运营两家公司引发的摩擦与企业文化冲突。但卡姆尔关注的是更为重要的创作机制,在他看来,合并会降低企业的效率价值。"创造新事物时你得依靠直觉。"他解释道,"但怎么确认那些直觉对不对呢?假如在解决一个问题时你有了一种直觉,你得保证自己不会过于认同这个直觉,不抵触让这个直觉接受严格审查。"

卡姆尔表示,在创作过程中,他手下那些传奇性的电影导演在工作方式上会迅速从直觉反应转入僵硬的思维方式。如果有人提出批评,这些导演就会担心整个创意破产,害怕丢失宝贵的创作内核。他们害怕分析自己的直觉,害怕最终证明这些直觉没有意义。"创意和叠叠乐积木不一样,你不可能在倒塌后从头开始。"卡姆尔说,"优秀的创造性领导者愿意打破整个创意,他们知道未来会变得更好。"

卡姆尔表示,即便直觉会受到质疑,可要想得到创造性解决方案,你依旧需要捕捉直觉的火花。 这就需要人们对自己的直觉做出分析,放弃不合适的部分,比如过于传统的情节转折或多余的复杂创意。卡姆尔表示,对大多数创造性领导者而言,只靠自己无法掌握这个技巧,过多的偏见和情感会干扰他们的分析。"你需要轻微的外部力量刺激,告诉你之前的方法不行。"

这种轻微的外部力量最初的表现形式，就是皮克斯的共同创始人史蒂夫·乔布斯。"乔布斯看到一个项目后会说，'我不是导演，但我会告诉你我的意见。听不听随你'。他的表达非常准确清晰，直接击破了对方的抵抗心理。"乔布斯总是盛气凌人、言辞激烈，卡姆尔却非常绅士、彬彬有礼。从某种程度上说，为了从更积极正面的角度拥有和乔布斯一样的影响力，卡姆尔创造出了"脑力托拉斯（Brain Trust）"，这是一个由观点各异的高水平创造性思考者组成的正式讨论会。脑力托拉斯希望在安全、包容的环境中激发人们像乔布斯一样提出明确且又不会轻易让步的观点，这个方法使得皮克斯掌控了直觉型创造力，同时又不会让导演们把自己封锁在黑暗空间，不会让自身的偏见和对挑战的恐惧把他们引入歧途。

2005年迪士尼收购皮克斯时，卡姆尔和约翰·拉塞特看到了一个创造友好但又存在真实竞争的机会，两家动画工作室可以彼此挑战。卡姆尔为两家工作室的合作性竞争设定了一些基本规则。紧要关头，两家工作室不得借用对方的资源。他们不能接手对方的项目，对对方的电影也没有否决权。两家工作室需要培养各自的企业文化与理念。但他们必须分享各自的作品，必须听取对方的批评。

卡姆尔确定皮克斯和迪士尼保持独立的10年后，两家工作室从他的做法中均收获了回报。卡姆尔告诉我，迪士尼团队在皮克斯的《头脑特工队》进入关键时刻时伸出援手，帮助对方解决了重大的情节设计难题。当皮克斯团队为《疯狂动物城》处理一个分镜头时，他们发现了一个明显的问题。在《疯狂动物城》的制作过程中，爱惹事的行骗高手狐狸尼克·怀尔德（Nick Wilde）一直是主人公，他的自我救赎的故事线是电影的主要情节。但皮克斯团队发现，心地善良的兔子朱迪·霍普斯（Judy Hops）才是真正有问题的角色，只是她的问题更为微妙、更难以察觉。朱迪对掠食性动物心存偏见，她才是需要做出转变的角色。很少有观众会把自己看作行骗高手，但我们都要承认，每个人内心都有隐藏的偏见。这个观点为迪士尼团队带来了重大突破。2016 年,《头脑特工队》获得了奥斯卡最佳动画长片奖。2017 年,《疯狂动物城》接棒拿下了同一奖项。

皮克斯有点像劳拉·黄展现出来的硅谷,这种环境不允许人们用分析压制直觉。市场研究不会引导工作室制作出与老鼠厨师、垃圾遍地的星球上的机器人以及与孩子的内心情感世界有关的电影,但《美食总动员》(*Ratatoulle*)、《机器人总动员》(*Wall-E*)和《头脑特工队》均是具有突破性意义的成功作品。卡姆尔的职责就是确保编剧和导演能够自由发挥不落俗套的直觉,同时虚心接纳外部的审查、修改甚至拒绝。先去感受,然后再仔细思考自己的感受。卡姆尔说,他对自己也适用这个标准。

"如果你认为自己 80% 的时候都对,那是错觉。"他说,"我们要记住,我们总比自己以为的错得更多。"

直觉,一种可以学习和训练的技能

在卡姆尔解释他如何调整皮克斯的组织架构、不断完善创作流程与规划时,我一开始有点失望。我原本希望这个皮克斯高层会是一个创意天才,相反,他却更像是一个富有远见的技术专家。如果不是针对电影本身,那么卡姆尔如此执着完善的,究竟是什么呢?

几周后,研究直觉的罗宾·霍格思为我提供了答案。霍格思说,**直觉是一种经过学习和训练的技能**。通过不同的经历,以及运用直觉获得的回报与惩罚,我们不断完善自己的直觉能力。这就意味着培养直觉的环境变得至关重要。用霍格思的话说,坏的学习环境会带给我们缓慢、含糊或具有误导性的反馈,而好的学习环境可以带来大量及时、清晰且准确的反馈。大多数人不会意识到自己处于哪种环境,不管是好还是坏,只要长时间停留在单一环境中，我们就会对自己的直觉越来越有信心。可如果身处坏的学习环境，尽管我们可能越来越容易产生直觉，但这些直觉也会变得越来越离谱，越来越偏离正轨。

霍格思表示，坏的学习环境会导致人们从自身跟随直觉取得的成功中总结出错误的结论。"他们学到的是错误的规则，如果取得了成功，他们就会认为直觉具有魔力。知道自己错误的唯一办法，就是遭受挫折和打击，而这是一种常见而痛苦的经历。"这样的描述让人想起了王安的人生经历。

皮克斯和迪士尼所在的就是典型的坏的学习环境。两家工作室的命运都由动画长片这个单一产品决定。他们最多同时制作两部动画电影，每部电影的制作周期都长达数年。所以以票房和外部评价形式出现的反馈，形成的速度极其缓慢，而且样本量也非常小。一部电影的成功或失败无法归结于制作过程中的某个特定因素，而成千上万个制作环节中的任何一个都有可能毁掉整部电影。卡姆尔在幕后做出了众多努力，其中一个就是力图将皮克斯的学习环境从坏变好。开放反馈渠道、接纳与创作团队及流程无关的同事的意见就是卡姆尔的策略之一。成功扭转学习环境后，卡姆尔极大地助推了皮克斯整个团队的直觉力，让他们能够自信地构想违反直觉的热门作品。卡姆尔只是对一个简单但又极少得到讨论的人类本质做出了反应：**在坏的学习环境中工作，我们的直觉会变得越来越没用，甚至还会起到破坏作用。而身处好的学习环境，直觉将成为最有用的资产。**可我们又在多大程度上致力于改善学习环境了呢？

霍格思的研究同样解释了风险投资人普遍学不会挑战直觉的原因。"风投是个可怕的学习环境。"硅谷投资资金 Ulu Ventures 的合伙人克林特·科佛（Clint Korver）表示，"每年你会投资一到两个项目。失败需要两到三年，成功需要 9 年。可能你已经做了一个优秀的决定，只是运气不好，或者正好相反。你怎么从中学习？"

科佛在博士阶段研究的就是决策分析,他师从卡尼曼和特沃斯基,所以对这个问题有着深刻的认识。

霍格思发现,想要培养我们的直觉,最重要的就是理解并改善学习环境。有意识地培养潜意识中的直觉,这个说法也许听起来很古怪,但具体的实践并不复杂。

当我们的头脑中形成直觉型判断时,我们应该自问,这个直觉是在好的还是坏的学习环境中形成的?霍格思表示,如果环境是好的,你已经在这个环境下待了足够长时间,所以了解自身所处的环境,这个环境也为你提供了清晰、直接的反馈,而且随着时间推移这个环境没有出现大的变化的话,你就应该倾向于相信由此产生的直觉。回想一下国际象棋大师和棋盘,国际象棋是经典的好的学习环境,象棋选手的直觉可靠性也非常强。

如果处在坏的学习环境,你就需要用怀疑的眼光看待自己的直觉。在坏的学习环境中,在追随直觉采取行动前,我们应当首先想办法测试直觉。霍格思用服务员安娜举例,她想尽可能多地获得小费,但又无法取悦所有顾客,给每个人足够的关注。她认为穿着打扮光鲜亮丽的顾客给的小费更多,所以在客流高峰期时间尤其紧张时,她会更多地关注这样的客人。她的预感似乎得到了应验,因为那些衣冠楚楚的客人确实给了她更多小费。于是她继续强化这个策略。她的直觉不断得到应验,很多年来她一直遵循上述策略。但认真思考一下,她也许会发现,是自己创造了"穿着良好的人小费给得更多"这种前提,因为她为这些人提供了更好的服务。如果她决定寻找否定证据,比如给穿着邋遢的客人更多关注,以此检验她的直觉是否正确,这又会发生什么呢?也许她会发现,用更亲切的态度对待那些人,他们给出的小费也许和那些穿着考究的人一样,甚至更多。

假如寻找否定性证据或者获得更加明确的反馈意见后,我们的直觉仍然站得住脚，这就是重要的信号，我们可以根据直觉采取行动。如果直觉站不住脚，我们就需要放弃它们，加强对直觉力的控制，继续前进。需要再次强调的是，**从本质上说，我们需要倾听，而不是无条件信任自己的直觉。**

把直觉当作假设，用分析验证直觉

安娜用于驾驭直觉的策略可能比较直接，不过硅谷投资人面对的问题，不是更为复杂吗？改变以性别或肤色判断一个人的习惯，要比改变以貌取人的习惯难得多。现实中有大量研究表明，人们不需要动用有意识思维就会在几毫秒内形成偏见。如果一切发生得这么自然，我们能否改变学习环境，让我们的直觉判断不再充满性别歧视和种族歧视呢？

尼兰加纳·达斯古普塔（Nilanjana Dasgupta）和安东尼·G.格林沃尔德（Anthony G. Greenwald）这两名研究者知道，依赖人们的逻辑与推理能力减少上述偏见的尝试收效甚微，他们想知道能否在潜意识层面干涉人们的思维过程。为此他们首先评估了一群白人和亚裔学生对非洲裔美国人明确表现出来的种族歧视，以及潜意识中暗含的种族歧视。他们采用的是"内隐联想测试"这种受到高度评价的诊断工具。

得到可以匿名并公开表达个人观点的保证后，学生们对非洲裔美国人表现出了中等程度的有意识偏见。由电脑测试隐藏的或者说潜意识中的偏见时，他们的偏见程度都比自己有意识承认的更深。接下来，研究人员向他们展示了受公众推崇的非洲裔美国人形象，比如丹泽尔·华盛顿（Denzel Washington）[①]和马丁·路德·金；又展示了受人唾弃的美国白人，比如连环杀人狂杰弗里·达默（Jeffrey Dahmer）。除此之外，研究人员再无其他操作。

[①] 好莱坞最具号召力的演员之一。——编者注

他们不会讨论偏见为什么错误，实验参与者只会看到屏幕上闪现的一张张照片。

又一次接受隐藏偏见的测试时，参与者对非洲裔美国人整体产生了更为积极的印象。24小时后再次测试，接触照片的效果仍在。为什么仅仅看过几个打破刻板印象的例子就能带来这样的改变？答案可能是易得性偏差，也就是容易想起的例子在我们的思维中拥有不成比例的重要性。参与者看到的照片成为他们思考非洲裔美国人时最容易获取的资源。我觉得这个研究特别有意思，因为这表明我们可以劫持一个通常具有误导性的启发式认知偏差，使之为我们所用。我们不可能完全克服易得性偏差，但我们可以有意识地让它变得更聪明。

哈佛大学研究无意识偏见的心理学家马扎林·贝纳基（Mahzarin Banaji）发明了一种非常有效的方法。她在电脑上安装了一个屏幕保护程序，播放各种与刻板印象相反的人物形象，比如身材矮小且光头的企业高管。对于那些直觉上不知道有众多女性成功创业的风险投资人来说，不断闪现成功女性创业者的屏保会有怎样的价值？这样的屏保对于激励整个社会更多地投入女性领导的企业又会具有怎样的价值？

当我们有意识地改变学习环境，将自己暴露在与错误假设相反的证据面前时，我们就能将真正的直觉与伪装成直觉的无用信息分割开来。这是极为重要的环节，因为即便最成功的直觉驱动型领导者也会受到错误信息的愚弄，等反应过来时已为时过晚，他们的直觉已经受到了污染。

少犯错误并非仅有的回报。随着我们不断磨炼直觉、使之更值得信任，我们就能自信地投入更多时间和精力探索直觉上能获得丰厚回报、但在他人看来反直觉的创意。就是这个方法，让GiveDirectly的创始人面对那么多的负面反馈时也能自信地推进他们的想法。

迈克尔·费伊跟我讲述了他们推进想法的方式。"我们不想过多地筹集外部资金，或者不愿意在 GiveDirectly 的影响力能够说服我们自己前，让机构的生存取决于外部资金。如果一切取决于局势能否正常运转，你就会产生强烈的动力，需要不断讲那个故事，即便那不是事实。我们显然不想要这样的结果。"

将自身与结果做出切割后，费伊和他的同事希望用硬性数据检测他们的直觉，他们同时公开了全部数据。这与大多数慈善援助机构形成了鲜明对比，通常这些机构不会公开援助结果。一方面是因为准确的数据难以获得，另一方面是因为他们不希望捐赠者了解善款的最终去向。直到 21 世纪初，慈善捐助界才开始认真通过随机对比试验了解决策过程，而大多数机构至今也无法出具慈善活动的准确成本报告。

"享受馈赠带来的喜悦的捐赠者们也许会因为负面的结果感到失望。如果不知道结果，那种喜悦可能会一直持续下去，所以参与其中的每个人都可能偏向避免进行审慎的跟踪拜访并认真评估结果。"费伊表示。更糟糕的是，很多小型机构会说，可使用的资金本来就有限，所以他们没有钱去考查结果。"假设一家制药公司说他们没钱去做药物测试，但我们应该相信他们，吃药就是了。你会吃那种药吗？"

现实中这样不严谨的评估与报告的做法创造了坏的学习环境，在这个环境中，捐赠者和慈善机构本该受到挑战的直觉却直接获得了证实。而 GiveDirectly 的创始人则积极地寻找外部评估者去监控他们的每一步，接受不论是好还是坏的结果。他们在自己创造出来的尽可能好的学习环境中孵化出了这个创意。就像埃德·卡姆尔和他在皮克斯及迪士尼的团队发现的那样，这种做法激发了他们的创造动力。"早期证据告诉我们，最重要的一点就是继续坚持下去。"费伊对我说，"人们跟我说我做错了时，我会去找证据，重新坚定信心。"

我们应该把直觉当作假设，当作科学原理，下决心去学习，让偏见不再拥有成长的肥沃土壤。即便 GiveDirectly 的创始人产生了错误的直觉，他们也能在投入全部身家前发现自己的错误。他们细致的观察证实了自己的直觉，也最终改变了整个行业的直觉。

直觉与分析相结合有助于我们克服偏见，更高效地发掘反直觉的突破点。但在我们了解直觉与反直觉的过程中，仍然缺失了一块拼图——我们怎么才能获得强大的反直觉创意呢？接下来的一章，我们就来解决这个问题。

第 9 章

获得反直觉创意，
用出人意料的方法
解决高难度问题

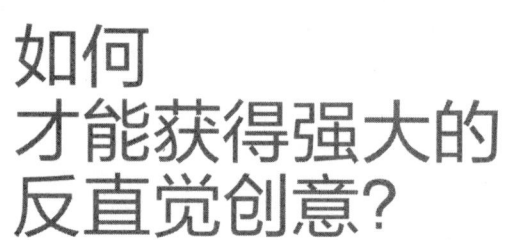

如何
才能获得强大的
反直觉创意?

第 9 章 获得反直觉创意，用出人意料的方法解决高难度问题

1994年，哥伦比亚首都波哥大被冠以地球上最危险、最不宜居城市的名号。1993年，这座城市发生了4200起谋杀案，这让它成了世界上的凶杀之都。城市里的建筑摇摇欲坠，本该用于公共建设工程的资金总是流入腐败官员的腰包，而这些人的银行账户里充斥着来自犯罪分子的"捐款"。在这样一个没有荣誉也没有希望、政府官员和犯罪分子一样危险的城市里，市民们公然藐视法律，他们滥用公共设施、恃强凌弱。

出于对未来的愤怒与失望，波哥大规模最大的大学的学生们聚集在一起，发泄心中的不满。一天晚上，2000名学生聚集在学校的礼堂中。人满为患的礼堂里人声鼎沸，场面非常混乱。在很多人看来，暴力事件一触即发。

接下来却出现了这样的场面：大学校长走上讲台，不出意料，学生们愤怒地回以嘘声和嘲笑。头发乱蓬蓬的校长戴着学者气的眼镜，留着林肯式的大胡子，看上去惊恐又沮丧。尽管面前摆着麦克风，但咆哮的学生们几乎不可能听清他说的话。即便人们能听清他的话，他也无法平息学生的怒火。他能向学生们做出什么承诺？一个全新的能够正常运转的社会吗？所以他什么也没说。这位校长缓慢地走向学生，他解开腰带，转身后把裤子脱到了脚踝处。他向前俯身，腰部以下全裸，整个礼堂震惊地陷入沉默。不得不说，这位校长脱下裤子并不是一瞬间的事，而是长时间将屁股彻底地展示在所有人

眼前。愤怒被笑声取代，学生们的集会就这么神奇地和平结束了。

安塔纳斯·莫库斯（Antanas Mockus）后来表示，他希望向学生展示"和平的颜色——白色"。可这个解释没能挽救他的学术生涯。尽管在学生中拥有超高人气，但没过多久他就被迫辞职。不过，莫库斯的故事才刚刚开始。

尽管大学官员认为他行为出格，但身为哲学和数学教授的莫库斯，将这个事件看作他长久以来形成的一个理论的有力证据。莫库斯认为，很多与驱动人类行为的直觉相关的观点过于平面，也不充分。我们可以强迫、威胁或者用物质刺激其他人，可当人们对领导者失去信心，甚至还没有失去信心时，上述策略的影响力也是有限的。莫库斯认为，**人们真正需要做的，是集中注意力打破预期，改变他们自以为正在发生的故事，为自己创造媒介，必要时探索新的方向。**

"人们最喜欢的，是你在黑板上写下很有难度的前半句，然后认可他们拥有写出后半句的自由。"莫库斯后来这样说道。

确实，莫库斯虽然出了洋相，但他也成功平息了一个接近爆发又没有明显解决方案的紧张局面。受这个尚存疑问的第一次成功实验的鼓舞，莫库斯决定在一个更广大的舞台上测试自己的理论，他决定将波哥大这座城市变成一个巨大的试验场。

几个月后，莫库斯将母亲的房子改成临时办公室，他参与的市长竞选活动在这里全面展开。脱裤子露屁股的行为为他打造了一个彻头彻尾的政治门外汉形象，而对于对政治完全失去信心的波哥大民众来说，选择莫库斯相当于对现状投出了反对票。作为独立候选人，语调温柔的莫库斯摆脱了最初的小丑形象，他做出承诺，要让波哥大重新拥有骄傲与尊重。最终，莫库斯以波哥大历史上最大的优势赢得了市长选举。

莫库斯赢得选举，由此拉开了波哥大的"知识分子入侵"时期。莫库斯组建了由社会学者和统计学家组成的政府，他们希望动员全体市民去美化和复兴这座城市，减少城市中的暴力事件和犯罪活动。莫库斯听起来有点像电视剧《法律与秩序》里的市长，但他的方法不涉及监狱、增加警力以及执行更严格的法律。恰恰相反，莫库斯采取的一切措施都不符合主流观点。

让我们来到街头。波哥大日常生活最让人痛苦、最危险的部分，就是混乱的交通秩序。司机无视基本的交通规则不顾行人，也不会因此受到惩罚。而行人也还以颜色，无视信号灯而随意穿行，导致整座城市堵成了大型停车场。出现这种情况的很大一部分原因，在于波哥大数千名交警中存在令人咂舌的腐败。波哥大的交警更多的是在敲诈司机，而不是在执行法律、维持秩序。莫库斯提出假设，波哥大的司机和行人本质上并不坏，他们只是觉得执法者是坏人，自己没必要遵守法律。

莫库斯培训了几十个交通小丑。参与表演的年轻人来到城市的各个角落，开玩笑地嘲讽行为不良的司机和不遵守法规的行人。一个小丑夸张地将一辆巴士推出了人行横道。另一个小丑模仿着肆无忌惮地在车流中穿行的人。一群行人用欢呼声表达了对小丑们的支持。接下来，莫库斯让所有人参与进来，他发放了成千上万张白色和红色的卡片，白色卡片上印着大拇指向上的手势，红色卡片上则是大拇指向下的手势。没过多久，司机和行人开始彼此感谢对方的良好行为、谴责对方的糟糕行为。

用小丑和红牌替代警察，只要理解背后的逻辑就不觉得这种做法荒唐了：尽管市民不在乎自己在警察面前的品行是否良好，但他们确实在乎彼此之间是否存有良好印象。仅仅几个月，波哥大行人遵守交通信号灯的概率达到了75%，是过去的3倍，交通事故数量与通勤时间也大幅减少。此项工程大获成功后，莫库斯开除了波哥大的全部3200名交警。其中400人接受莫库斯开出的条件，当起了交通小丑。

莫库斯的智囊团对波哥大的暴力活动进行分析后，指出了他们认定的问题源头。不管表面上还是背地里，哥伦比亚的家庭生活本身就相当暴力。这种日常暴力延伸到了街头，导致打架、绑架甚至谋杀成为日常现象。对于一个承诺打击犯罪的政府来说，这种观点减少了对犯罪分子的妖魔化。而确定了问题根源后，他们也拿出了一些极度反常规的解决方案。

莫库斯在电视上分享了自己年少时被人虐待的故事。他在气球上画出了虐待自己的人的脸，接着出拳狠狠打了几下气球。随后他向市民提问，有谁愿意追随市长，愿意尝试象征性的暴力，而不是真正诉诸暴力。接下来，莫库斯又主持了一个电视互动节目，邀请小孩子报告自己家里发生的虐待事件。孩子们的故事让针对儿童的殴打、威胁和恐吓行为不再成为社会认可的常规现象。警察开始前往学校，了解非暴力性的争端解决方法。当安保团队要求他穿上防弹衣时，莫库斯在胸口剪出了一个心形的洞。莫库斯解释，自己的所有做法都是为了在一个已经接受了暴力的城市创造出"暴力是禁忌"的新氛围。

接下来，市长办公室又对城市里的另一难题发起了出人意料的攻击。波哥大市政府开始征收"自愿税"，要求市民将10%的收入捐给城市；65 000人遵守了这个规定。莫库斯打扮成超级英雄，上街捡垃圾，还在一个公共服务广告中全身赤裸地出现在浴室中，鼓励人们节约用水。

莫库斯卸任时，波哥大已经转变为整个地区最安全、最干净的城市。城市的谋杀率下降了70%；家家户户通上了电，有了下水系统和自来水；波哥大的城市收入提高了30%，其中大部分资金用于建设或翻修城市公园，这些公共场所也得到了市民的认真保护；腐败不再是日常生活的组成部分；儿童的入学率达到了99%。

而这一切，都源于一个从不同角度看世界、愿意为信念付出一切的人，做出的一个出格的行为。

世界各地的政府和企业花费大量时间和金钱，试图以人类行为最显而易见的部分作为杠杆取得收益。我们设定奖励和惩罚的前提，是人们会以实现个人最大经济利益为基础做出行为；但在过去几十年，行为经济学已经彻底打破了上述观点，证明在情感的驱动下，人们会变得感性和无私。我们发起市场宣传活动，试图说服人们改变观点；但大量针对"后坐力效应"（Backlash Effect）的研究表明，直接挑战人们的信念反而会导致他们更为坚定地坚持原有观点。人类心理学的深入研究解释了为什么那么多显而易见的方法起到的作用都不如预期，比如对犯罪分子施以重刑、在干旱地区提高水价、树立广告牌警示气候变化带来的危险，等等。

意识到这些努力统统白费，这固然让人沮丧。最明显的思维方式起不到作用，这个现实也会让我们感到绝望，于是很多人选择了平庸的解决方案。作为哲学家和科学家，莫库斯的天才之处在于，他不仅接受了人性更为复杂这个现实，而且愿意寻找新的突破口。他集中精力，激发了人们的想象力、唤醒了人们的良知和融入社区的内在渴望，从而创造了各种可能性。

莫库斯的故事表明，反直觉思维并不需要多么神秘的疯狂想法。虽然，脱裤子露出屁股的行为说明他还是有那么一点点疯狂。相反，退后一步，寻找传统思维不起作用的关键点，从新的角度创造性地提出解决方案，反直觉思维就可以合情合理地产生出来。想要做到这一点，我们首先必须愿意适应内心的不舒适感，接受我们关于世界如何运转的基本观念可能导致我们误入歧途这个现实。但对大多数人来说，适应不舒适感并不是件容易的事。

接纳荒谬的逻辑

安塔纳斯·莫库斯向学生展示和平颜色的 4 年前，玛丽莲·沃斯·莎凡特（Marilyn vos Savant）收到了一封著名的信件，里面提到的一个问题几乎在公众中引起了同样的轰动。

莎凡特早已习惯面对各种高难度问题，所以这封信最初混杂在几十封信中第一次出现在她面前时，她并没有给予过多关注。1988 年，吉尼斯世界纪录认定莎凡特为有纪录以来智商最高的人。如果你觉得莎凡特这个姓是受吉尼斯世界纪录启发而专门起的一个傲慢的假名，那就大错特错了。① 也许从古至今，她的家族总能出现天才。莎凡特利用新获得的名气在《大观杂志》（Parade）上开设了一个专栏"向玛丽莲提问"，在这里，"世界上最聪明的人"将会解答读者提出的各种逻辑难题。

1990 年 9 月，克雷格·F. 惠特克（Craig F. Whitaker）向莎凡特提出了以下问题：

> 假设你参加了一个游戏节目，你需要在 3 扇门之间做出选择。一扇门后是一辆车，其他两扇门后是山羊。假设你选择了 1 号门，而知道门后是什么的主持人打开了 3 号门，门后是只羊。他对你说："你想选择 2 号门吗？"这时变更选择是明智的吗，会增大赢得汽车的概率吗？

惠特克提出的是蒙提霍尔问题，喜欢脑筋急转弯的人都知道这个问题，而普通大众了解这个问题的并不多。莎凡特认为她知道答案：应该变更选择。她断言，变更选择后赢得汽车的概率为 66%。如果坚持原来的选择，

---

① Savant 在英语中意为"博学之士"。——编者注

第9章 获得反直觉创意，用出人意料的方法解决高难度问题

那么赢得奖品的概率只有 33%。莎凡特向读者解释了自己的推理逻辑：

> 假设有 100 万个门，你选择了 1 号门。知道门后是什么的主持人总是会避免选择门后有奖品的门，除了 777 777 号门以外，他打开了所有门。你很快就会把选择变更到那扇门，不是吗？

莎凡特以为公众会接受这样的解释，可就连世界上最聪明的人有时也会犯错。如果之前从没听说过蒙提霍尔问题，莎凡特说变更选择能增加中奖概率肯定让你头大。坚持原有选择和变更选择，看上去没有任何区别。莎凡特的建议甚至可能让你感到愤怒。她的读者正是如此，他们不仅不同意莎凡特的观点，而且愤怒、充满敌意。仅这一个专栏就让她收到了上千封回信。

"你搞砸了！"乔治梅森大学的罗伯特·萨克斯（Robert Sachs）在信里写道，"身为专业数学家，公众缺乏数学能力让我非常担心。请你承认错误，未来更小心谨慎。"

"这个国家中不懂数学的人已经够多了，我们不需要世界上智商最高的人进一步拉低平均数学能力了。真是耻辱！"来自佛罗里达大学的斯科特·史密斯（Scott Smith）愤怒地回复。

莎凡特说，92% 的来信上都说她搞错了；来自大学的信件中有 2/3 在教育她，说她的回答有错。为了解释一个天才为什么会搞砸一个简单的问题，诋毁她的人提出了"也许女性看待数学问题与男性不同"的观点。连国防情报中心的主管和美国国家卫生研究院的数学家都说她错了。

美国陆军研究实验室的埃弗里特·哈曼（Everett Harman）写道："你犯了错，但我们也可以从积极角度看待这件事。如果那些博士全错了，那我们的国家就有大麻烦了。"

问题是，他们全错了，莎凡特才是对的。

让我们从数学角度再去看这个问题。不过莎凡特的读者最初并不信服，直到她建议他们自己试着玩几次，看看变更选择是否真的有效。直觉上看，选择正确的门的概率是随机的，在被问到是否变更选择时，这个概率也是随机的。可这些条件都不重要。最开始读这个问题时，人们总会忽视一个重要的信息：主持人知道门后是什么。这意味着无论你做出什么选择，主持人永远不会挑出有车的那扇门。突然间，这道题就变得没那么随机了。但这仍然不能解释为什么要变更选择。

让我们详细解释一下各种情况。第一次就猜对的概率有多大？33%，对吧？如果选择正确，那就不该变更答案，变更就输了。如果选择错误，这个概率为66%，主持人通过展示不该选择的那扇门，就能保证你在变更答案后获胜！不变更，获胜的概率是33%。变更，获胜的概率就会达到66%。如果还搞不明白，我建议你像莎凡特说的那样，用两张黑牌代表山羊、一张红牌代表汽车，一个朋友担任主持人，玩上20次就明白了。

到了1992年，莎凡特的回答让无数人在课堂上玩起了这个游戏。研究人员甚至使用电脑建模，把该实验运行了几百万次。最终得到的结果是：变更答案，赢的概率为66%。可即便面对这些证据，接受莎凡特答案的读者也只是从8%提高到了56%，学界的接受率徘徊在71%左右。蒙提霍尔问题对世界的运行规则提出了挑战，而这个问题的答案又直接挑战了我们的直觉，大多数人只会迫切寻求方法来消除不舒服的感觉。学术界的人们拿出个人履历和证书，好像这些东西能驳倒逻辑一样。男性指责女性能力不足。一部分读者即使面对一应数据证明，也直接表示他们选择不予相信。

为什么大家会如此愤怒？为什么人们会用形形色色、毫无关联性的证据驳斥莎凡特？因为对任何一个愿意花点时间认真思考这个问题的人来说，它都会引起认知失调：也就是同时持有两种完全对立的观点时的体验。直觉告诉我们，变更答案不可能带来优势。但世界上最聪明的人、电脑建模和亲自做完这个实验之后的经验告诉我们，要相信另一种答案。

面对认知失调时，我们本能地希望尽快解决冲突。大脑可能会变得愤怒，并主动攻击。另一种自动解决认知失调的方法，就是通过在外人看来纯属荒谬的"逻辑"。比如，心理学家研究过末世信徒，试图了解预言中特定的毁灭日没有出现时会发生什么。如果地球在本该毁灭的日子里没有毁灭，末世信徒会离开教派吗？有些人会，但大部分人对末世论的信仰只会更加强化。他们的逻辑是："世界本该毁灭，但上帝因为我们相信他而改变了想法。"他们会愉快地继续坚持，由于不再同时抱有两种信念，他们的信仰也会变得更加坚定。他们轻易就放弃了"预言有错"这个可能性。

"到底是改变想法，还是证明没有必要改变想法，几乎所有人都会急着寻找不必改变想法的证据。"经济学家约翰·肯尼思·加尔布雷思（John Kenneth Galbraith）写道。

接纳认知失调这个现实尽管让人感到不适，但实际上是件好事。面对与我们的假设不符的情况，与其武断地抓住简单答案，退而选择让自己心情愉快的思维方式，不如将与自己想法相矛盾的信息看作创造力思维的动力。

耐心对待与既有认知不符的信息，这需要我们付出相当大的努力。禅宗僧侣把大量时间投入公案①，以训练自己接受无法获得简单答案或者仅是将注意力转移到别处时带来的不愉快感。尽管这个实践听起来过于抽象，但爱因斯坦就是用这个方法逐渐形成了世界上最重要、最反直觉的科学理念。

---

① 公案指的是前辈祖师的言行范例，用以判断是非迷误。此处指无法解析的难题。——译者注

青少年时代的爱因斯坦就很喜欢思考悖论。他把自己在大脑中测试的理念称为思维实验，这种思维游戏带给他的第一个突破，出现在他16岁那年。

那时，爱因斯坦刚刚离开了一所坚持要求死记硬背的学校，进入了一所教授学生用想象去思考问题的乡村学校。在这里读书的他开始思考，如果能以光速跟随光束一起运动，会是怎样的情形。

为了理解爱因斯坦的设想，让我们想象一下以同样的速度和方向并行的两列火车。如果你不看列车外面的风景的话，另一列火车看上去就像静止的一样。爱因斯坦由此推断，当他在一条光束上运动时，另一条朝着同一方向运动的光束，在他看来就是静止的。但物理学家已经知道，这种情况不可能出现。根据描述磁场运动的麦克斯韦方程组（Maxwell's Equations）①，不管观察者是否移动，光看上去永远在以光速移动。爱因斯坦也认同，和火车的例子不同，在另一条光束边以光速移动不会导致光束看上去处于静止状态。但为什么会这样？

爱因斯坦说，这样的思维实验让他"精神紧张"，他连续想了好几天，手心不停出汗。大多数人会在这时转而选择更简单、不让人感到困惑的想法，但爱因斯坦说，沉浸在悖论中是他人生中最愉快的经历。

爱因斯坦后来表示，这个问题中包含了狭义相对论的萌芽。根据狭义相对论，时间是相对的，空间和时间只是同一现象的组成部分。爱因斯坦写道："只要具有绝对性公理的时间……在人们无意识的情况下根植于潜意识中，所有试图澄清这个悖论的尝试都注定失败。认可这个公理及其绝对性，已经预示了实质性的解决方案。"

---

① 英国物理学家麦克斯韦于1864年总结出来的麦克斯韦方程组，由4个方程组成，是揭示了时变电磁场基本性质的基本方程组。时变电磁场中，电场和磁场相互激发，形成统一不可分的整体。——编者注

换句话说，我们直觉地把时间看作固定的现实。这是因为在我们生存的这个不停旋转的星球上，时间的表现始终如一。如果我们暂时把这个假设放在一边，我们就可以回答为什么以光速在光束旁运动时，光束仍然表现出移动状态。对你来说，时间减慢到了静止状态。想理解这个说法，想象自己再次登上火车。时间对你、且只对你一个人减慢了速度。另一列匀速行驶的火车，看上去正在移动。不要担心爱因斯坦提出的这种对时间的全新理解不符合直觉，这样的观点永远不会失去难以理解的特点。爱因斯坦花了几十年时间才说服世界接受他对宇宙本质极度违反直觉的看法，但一个又一个实验证明了这套理论的正确性。

假如爱因斯坦不喜欢思考悖论，没有因为悖论而产生如此强烈的反直觉观点，假如他不愿意接受认知失调带来的后果，只是匆匆接受既有理论，那么现在的世界也许就不会拥有 GPS 导航系统、电视或者雷达，这些因为狭义相对论才诞生的现代生活不可或缺的组成部分，更不用说由他的观点引发的物理学革命。

我当然不是说享受认知失调会让每一个人都成为爱因斯坦，也并不是人人都需要成为爱因斯坦。观察众多巧妙的反直觉突破，你会发现更多平凡的人选择接纳、而非远离悖论，最终找到解决悖论的方法。实际上，这样的思维方式目前正用于改造美国最受欢迎的体育项目。

头盔让橄榄球运动更危险

肯尼·布维（Kenney Bui）6 岁那年，他走进客厅，来到正全神贯注地看电视的父亲贡·布维（Ngon Bui）身旁。他爬到父亲的大腿上。"爸爸，这是什么？"肯尼·布维问道。自己最崇拜的人对电视内容那么感兴趣，这激发了小男孩的好奇心。"是橄榄球，肯尼。"他的父亲回答道。肯尼向贡·布维提出了无数问题，而贡·布维一边关注比赛一边回答儿子的问题。谁赢了？他们在场上能这么做吗？你支持哪支球队？

贡·布维是西雅图海鹰队的忠实球迷。1975年离开越南后，他茫然无措地来到了西雅图。一年后，海鹰队也以同样的状态来到了西雅图。贡·布维在海鹰队找到了亲切感，从那之后他就一直热爱着这支球队。"我喜欢海鹰队。"贡·布维轻描淡写地告诉肯尼。"好吧，你爱海鹰队？"肯尼说道，"那我也爱海鹰队。"这就是肯尼·布维对橄榄球狂热喜爱的起点。高中时他结识了大量朋友，而且一直保持着4.0的高分。尽管肯尼的身体相对瘦弱，只有1.76米的身高和68公斤的体重，但他是为橄榄球而生的。和他的偶像全国橄榄球联盟中卫厄尔·托马斯（Earl Thomas）一样，肯尼利用更为凶狠地冲撞对方接球手的方式，弥补了作为防守球员身材矮小的缺点。

2015年10月2日，需要加班的贡·布维与往常一样再次错过了儿子在常青树高中校队的比赛。后来他有点遗憾，不过诚实地说，不在现场反而让他释怀。一个月前，肯尼因为轻微脑震荡退出了一场比赛。贡·布维非常害怕，他对肯尼说，是时候退出两个人都喜欢的橄榄球了。贡·布维不想签学校发来的脑震荡确认通知单，因为签完就意味着肯尼可以重返赛场。但他的儿子不肯放弃橄榄球运动。

在西雅图的另一边，常青树高中与海莱恩高中的比赛进行到了第4节。肯尼就要高中毕业了，他也不太可能入选大学橄榄球队，他知道自己不会有太多上场表现的机会了。他下定决心，要让自己的每一次冲撞都能奏效。所以当对方四分卫的一个短传让肯尼得到冲撞接球手的机会时，他低下头，像厄尔·托马斯一样，狠狠地撞向了对方。

随后，肯尼慢慢地走到球场边坐了下来。他闭上了眼睛，满脸担忧的球队训练师向他提出了脑震荡诊断流程中的标准问题。肯尼被直接送到了港景

第 9 章 获得反直觉创意，用出人意料的方法解决高难度问题

医疗中心，他在那里昏迷了 3 天，最终医院撤掉了生命维持系统。肯尼成为 2015 年死于橄榄球运动的 19 名美国学生之一。

肯尼去世后不久，贡·布维收到了西雅图海鹰队教练皮特·卡罗尔（Pete Carrol）送来的包裹。贡·布维打开包裹，掏出了一件球衣。这是一件由肯尼的偶像厄尔·托马斯亲笔签名的 29 号球衣。

"我想留下这件球衣。"贡·布维在接受《卫报》采访时表示，"我想穿这件球衣，这样每次穿上球衣时我就能想起肯尼，我最亲爱的儿子。"

贡·布维有心保留这件球衣，而他的儿子正是死于试图模仿球衣主人的行为，这反映出美国文化出现了巨大危机。很多人认为我们不能再眼睁睁地看着孩子因为一项运动而毁掉自己的身体和大脑。与此同时，我们好像又戒不掉橄榄球这项运动。唯一的解决办法，就是想办法让这项运动变得更安全。可怎么才能办到呢？这个问题尤其让人苦恼。事实上，在新罕布什尔大学的人体运动学家埃里克·斯沃茨（Erik Swartz）研究出一种反直觉的解决方案前，橄榄球改革者们不断走进一个又一个死胡同。

橄榄球运动的危险系数一向很高。随着这项运动在 20 世纪 60 年代成为美国人气最高的体育项目，运动员的身体越来越强壮、速度越来越快，也越来越渴望出名，脑部受伤导致的死亡率攀升到了让人无法接受的程度。从 1965 年到 1969 年，死亡球员人数超过了 100 名，也就是每年 20 人。

密歇根大学的神经学家理查德·施奈德（Richard Schneider）认为，这个问题也许存在简单的解决方案：强化头盔的保护性能。"几十年来人们直觉上的逻辑就是，我们遇到了头部伤病，那就戴上头盔。"新罕布什尔大学的人体运动学家斯沃茨对我说，"这个身体部位受了伤，那我们就穿上装备保护这个部位，问题解决了。"

到 20 世纪 60 年代末，施奈德已经对橄榄球头盔做出了大幅调整；他在头盔里增加了更多衬垫，让头盔拥有更强的冲击抵抗能力，同时也增加了舒适性。作为一名优秀的科学家，他也在密切监控比赛，寻找最有可能导致脑部伤病的打法和动作。他提出建议，对规则做出了一些微小的修改，禁止一些头部首先冲撞的动作，比如将身体用作枪杆、头盔顶部率先冲撞的标枪式和用头盔撞击对方非持球人的对冲式。这些根本上的规则改变意味着球员不能用头盔和保护面罩冲撞对方球员了。

施奈德的工作立竿见影，为橄榄球运动带来了极大影响。到 1973 年，美国高中的头部伤病死亡率下降了 75%。尽管儿童的死亡数字仍然很高，但我们似乎走上了拯救橄榄球运动员和这个项目的康庄大道。

然而，那时的施奈德和其他人并不知道，改善头盔性能并不能解决导致肯尼·布维死亡的问题。事实上，他们反而加剧了这个问题。头部受到冲撞时，大脑会撞上头骨的内壁，从而产生脑震荡现象。即便相对较轻的冲撞也会导致大脑肿胀，而经过一次又一次脑震荡后，伤害会不断累积。导致肯尼·布维死亡的可能是"二次影响综合征"，在前一次大脑受到冲撞导致的肿胀没有恢复前，再次出现脑震荡就可能导致这种症状。二次影响综合征的死亡率高达 75%。为什么质量更好的头盔反而导致脑震荡问题变得更加严重了呢？

"这被称为风险平衡。"斯沃茨表示，"也就是自认为受到保护后产生了错误的安全感。你会更加冒险，行为也会更加鲁莽。"随着头盔变得越来越大、越来越舒适，球员在高科技包裹下产生了安全感。大约有 70% 出现脑震荡的高中球员选择继续比赛。而继续打球意味着，即便是肯尼·布维这么聪明的孩子，也会选择把头当作武器。

"用头撞击坚硬表面，这不符合自然规则。但头盔让人们觉得这种做法

第 9 章　获得反直觉创意，用出人意料的方法解决高难度问题

没有问题。"斯沃茨表示。按照他的说法，由于球员习惯了冲撞，他们甚至用头互相撞击取代了击掌庆祝。他表示，"平均下来，一天会多出 20 次冲撞。"

尽管如此，谁能想象重回没有头盔的橄榄球时代？球员和球迷要么面对脖子骨折、头部出现开放性伤口这样的残酷伤病，要么减慢比赛节奏，让一切变得更加可控，但这又必然摧毁这项运动的娱乐价值。所以大多数人干脆选择放弃，要么禁止孩子参与这项运动、彻底远离比赛，要么忘记橄榄球的血腥现实、欣赏激烈的比赛和球员的英雄表现。

埃里克·斯沃茨开始着手解决这个问题，可就像我们解决蒙提霍尔问题或者爱因斯坦思考时间问题一样，他首先需要接受世界与我们的直觉不符这个现实带来的不舒适感，再去思考合乎逻辑的解决方法。

斯沃茨面对的是这样一个问题：橄榄球不可能摆脱头盔，但头盔让球员更容易出现脑震荡。这就像禅宗里的公案，是一个无解之谜。

但斯沃茨发现，如果重新定义问题，这个问题就并非无解。并不是头盔让运动员更容易出现脑震荡，而是他们佩戴头盔时的行为导致他们更容易出现脑震荡。突然间，一个自然事实变成了人类心理学问题。有了这种想法，斯沃茨产生了解决问题的一线希望。

斯沃茨向新罕布什尔大学的教练组提出了一个大胆又古怪的提案。他希望在校队里创设一个实验小组，用不同的方式训练他们。训练中，球员必须摘掉头盔。最初，主教练肖恩·麦克唐奈（Sean McDonnell）无法接受这个提案。球员即便是因为受伤不能参加训练比赛、只是站在球场边时，教练也会因为球员摘掉头盔而斥责他们。佩戴头盔属于球队纪律，而训练中不戴头盔的球员到了比赛日似乎处于明显劣势。他们的球风也许会变得软弱。尽管

斯沃茨的逻辑在麦克唐奈看来非常古怪，但过去那些年，他因为脑震荡失去了太多球员，所以他允许斯沃茨招募一批志愿者参与他的研究。

志愿者之一的丹尼尔·罗（Daniel Rowe）那时怀疑，自己到底该不该打橄榄球。他在3年时间里出现了3次脑震荡，也几乎不可能成为职业球员。从理性角度出发，他认为自己不该继续打球，但他又不愿意退出球队。所以他认为不戴头盔训练值得一试。

"摘掉头盔后，你的精神就会特别集中，好像在说，'我不能受一点点伤。'你不想对肩部以上的部位造成任何伤害。"丹尼尔·罗回忆。数百次不戴头盔的擒抱训练重新训练了丹尼尔·罗身体的其他部位，让他时刻将头部保持在冲撞区外。那个赛季，丹尼尔·罗没有出现脑震荡，更安全的比赛方式让他在比赛中更加自然，他说自己打出了个人最佳的一个赛季。

"我觉得更安全了，也对自己的健康更有信心了。"他说，"我不会再去想'我没事吗？'或者'我出问题了吗'。"

斯沃茨的数据显示，他的训练提高了校队的整体擒抱表现，同时实验小组成员受到的冲撞减少了28%。一个赛季就能取得这样的结果当然让人印象深刻，但这只算是揭开了未来无限可能的小小一角；如果青少年联赛的孩子们在养成习惯的阶段能够不戴头盔训练，那么当他们最终和同样被训练保护头部的对手交手时，橄榄球的未来将会得到极大改善。

2016年，肯尼和贡·布维挚爱的西雅图海鹰队开始在训练中采用斯沃茨的做法。斯沃茨表示，全美橄榄球联盟球员会在未来几十年时间里继续承受脑震荡带来的灾难性后果，但他希望我们能够训练年轻一代的运动员与教练，让他们了解运动员头部的宝贵与脆弱性，不要把头部当作不可摧毁的武器。通过在训练中摘掉头盔提高运动员的安全保护，这种做法听起来与直觉完全背离。由于太过违反直觉,所以专家们宁愿无休止地争论不可能实施的措施,比如在高中禁止橄榄球、对规则做出复杂的改变或者干脆在比赛中取消头盔,也从来没有人研究过这个直接的做法。而斯沃茨找到了一个简单又有效的解决方案。

培养反直觉创造力的 4 种方法

当我决定探索反直觉思维的本质时,我认为反直觉思维就是最纯粹的风险思维,我觉得自己得寻找最为狂野的创造力。我错了。我接触或者了解到的追逐反直觉思维的人,其实都是普通人,只是他们会自然而然地进行反直觉思维。当我问到如何产生如此违反直觉的想法时,很多人都对这个问题颇感意外。他们从多个角度考察看似无法解决的问题,突破表面现象、放弃显而易见的解决方案,一条完全合理但看上去又非常疯狂的道路就出现在了眼前。在他们看来,这些方法一点儿也不违反直觉,只不过在那些坚持旧有思维方式的人看来,他们就是疯子。与 GiveDirectly、莫库斯,以及斯沃茨相关的报道,都在令人惊奇地描述他们的奇特与疯癫,可他们并不这样看待自己的创造。听到他们的故事后,我意识到自己正在观察的是一系列可以用于创造反直觉思维突破的直接的实践。我们可以使用一系列工具,最大限度地开发自己尝试奇特创意的能力。我们不需要等待灵机一动时刻的出现,而应该主动培养反直觉思维能力。

以下就是具体方法。

接纳认知失调

正如我们前文的案例,形成反直觉解决方案很多时候都源于我们接受世界的运行方式与我们的直觉不符的现实。我们很容易无视现实,一路往前冲，仿佛自己的想法全都正确一样。要想打破常规，我们就要像爱因斯坦一样，学会享受不适感。下面是一些很少有人践行的反直觉事实：更多的作业不会提高学生成绩、反而会降低学生成绩；建设更多的行车道会让交通状况变得更糟；想要说服人们他们错了，特别是道德信念有错，通常只会让他们更加坚持最初的立场。这些并不等于我们不该想办法提高学生成绩、减少交通堵塞或者改变人们的想法，但这又确实意味着我们因为无视现实而浪费了大量时间和金钱。接受现实，则意味着大量机会。

你所在的行业或公司不愿意面对的真相是什么？你可以提出以下几个问题去发掘它们。

- 最执着的批评者或者不满意的客户怎么评价我们？其中是否包含一丝真相？我们如何才能解决他们这些看似无法解决的担忧？
- 有哪些是我们在陈述公司使命或核心价值时承诺要做，却因为我们认为成本太高或者难度太大，从来没有付诸实践的事情？
- 我们的策略是否与有关人类行为、交流和认同的最新研究结果相一致？

将发掘出的不愿面对的真相看作创造性认知失调的起点，而非不得不避免的障碍。

重新表述问题

应对可能导致认知失调的棘手问题时，自然会遇到明显的陷阱与风险。这些问题可能会让人一筹莫展，这也是这些问题至今无解的原因。斯沃茨面对的头盔难题便是如此，头盔既不可或缺又十分危险。在这里，爱因斯坦又一次为我们提供了重要的心态与做法。"如果我需要在1小时内解决1个问题，而我的生命维系在能否找到答案上，我会用前55分钟确定对这个问题最合适的提问方式。"爱因斯坦写道，"一旦知道了合适的问题，我就能用不到 5 分钟解决问题。"斯沃茨把他遇到的问题重新表述为"如何在运动中保留头盔、减少由头盔鼓励的危险行为"。这样的问题，他能解决。

在解决难度极大的问题前，先问自己，是不是只有解决了这个问题才能实现最终目标。解决其他问题是否能获得同样的结果？略微调整问题是否能打开新的可能？

引入局外人心态，或者直接引入局外人

我遇到的反直觉思维者将个人成功的很大一部分原因归结于局外人状态。斯沃茨是英式橄榄球运动员，他注意到英式橄榄球运动员在擒抱时很少使用头部，这让他明白，即便比赛时不戴头盔，球员至少在一定时间里也是安全的。GiveDirectly 的创始人是一群涉足外国慈善援助的经济学家，而莫库斯是一个充当了政治家角色的学者。这些局外人的直觉在各自领域里不仅具有反直觉性，同时也充满智慧。

就像美国军方找来统计学家亚伯拉罕·沃尔德协助解决轰炸机保护问题，从而收获重要的反直觉见解一样，在寻找解决方案的过程中，我们都能通过邀请局外人或者利用自己在不相关领域的知识受益。

倾听，然后检测直觉

截至目前，我们考察过的实践，均有助于创造有利于创造性解决方案诞生的环境，这些方案很大程度上需要我们的理性与分析思维。确立必要环境后，我们还需要保持合理的开放与创造性思维。在 GiveDirectly 的案例中，创造力只是简单地与既有观念相结合：直接现金转账与数字支付，并不包含

新奇浮夸的因素。波哥大市长安塔纳斯·莫库斯采用的却是更为激进、更为戏剧化的方法。在对人类本性理解的基础上，莫库斯的直觉认为明白什么样的行为可以刺激人们走出思维定式，从而激励他做出了风险极大、极不寻常的事情。可即便是如此打破常规的做法，莫库斯靠的也是直觉与分析的结合，我们在上一章对分析进行过详细讨论。莫库斯这样描述他在从政生涯学到的重要经验："为市民提供意外惊喜，让市民彼此互相欣赏、接纳和理解全新事物的挑战，这种培养短期、愉快经历的方法当然有用。但接下来，你需要将这些故事、经历与通过冰冷、理性的测量方法得到的积极统计结果结合在一起。这就创造了良性循环，令人愉快的新体验在数据上带来良好的反馈，而数据又让人们期待更多有利的改变。"

我们不能因为反直觉的做法不符合主流观点就对它不屑一顾。当反直觉观点在创造过程中出现时，即便这些思维源自我们自己神秘的直觉，我们也应该捕捉这些想法。反直觉观点出现时，我们需要仔细检测。这样的观点并不总是正确的。

提出最低限度反直觉的想法

在获得客户、团队成员和老板接受的问题上，反直觉概念由于不是生于对方心中，所以这样的概念既有固有优势，又有明显劣势。伊莱·帕里泽（Eli Pariser）是 Upworthy 网站的创始人，他的网站通过极具吸引力的标题吸引用户，其用户群已经达到亿级。帕里泽对每一种可能吸引用户的方法都进行过数百万次试验。他告诉我，反直觉观点绝对能够吸引人们的关注。出人意料的科学发现、意外的提议以及奇怪的搭配通常让人感到愉快，也能激发人们的好奇心。但过犹不及，当反直觉概念打破了太多预期、激发了过多认知失调后，人们会自动放弃、无视这些概念。

一项有趣的研究表明，如果通过快乐的媒介传播，人们通常愿意关注、记忆并谈论一个想法。这种"最低限度反直觉概念"绝大部分都很普通，但会存在一到两个突破预期的因素。我们可以在古老的传说与故事中找到这样的概念。幽灵的行为方式与人类基本相同，只不过他们能穿过坚硬的物体、不再具有生命。外星人驾驶的是金属太空飞船，他们一般有两只眼睛、一个鼻子和一张嘴，他们只是恰好来自其他星球。不断有实验室研究证明，完全的直觉概念很容易被人忽视，而过于反直觉的概念则让人很难记住或者理解。

这对我们自己的反直觉创意会产生什么影响？推出反直觉创意的最佳方式，就是对已得到普遍理解的现有观点进行小幅修改。爱彼迎（Airbnb）最开始的名字叫作 AirBed and Breakfast，强调世界各地的人们通过提供床位和早餐开办的家庭旅馆向陌生人敞开家门。爱彼迎的早期房东一点儿也不像传统的家庭旅馆经营者，但这种类比让新模式给人更安全的感觉，更易于租房人理解。直到爱彼迎重新定义酒店业的文化直觉后，人们才逐渐忘记这个类比，但直到今天，我们仍然能在爱彼迎的名字中看到这个类比的一丝痕迹。推出反直觉创意前，你需要强调其中的大部分元素仍然具有传统属性，这种方式更有可能获得支持和接纳。

对文化上不容置疑的观念提出质疑，从传统做法中培养新的直觉，再检测激进但又合乎理性的解决方案，这个流程是风险思维的核心。我们深入了解了如何强化思维，去接纳反直觉方法并付诸实践。但同时我们必须承认，这个世界对反直觉思维充满敌意，会想尽办法阻止我们。现实中存在数不清的规则用以保护和维持现状思维，甚至人类的道德结构都在阻止我们做出颠覆的行为。脱离常规操作，我们必然会与常规产生冲突。我们如何才能在让社会接受的情况下高效地实现目标？我们又如何在明知长久以来人们口中"正确的事"不再有效的情况下，抗拒内心中做"正确的事"的欲望？我会在下一章回答这些问题。

UNSAFE THINKING

打破常规的创新策略 4：
相信直觉，也要相信反直觉

● 关注自己的直觉

在数据和分析的时代，我们很少给予天才的直觉足够的赞誉，尽管大多数高管私下都承认直觉是不可或缺的工具。我们无法用逻辑证明直觉的正当性，而且直觉更多时候是以情感或身体感觉的形式出现，而非想法或创意。这导致我们会轻易放弃直觉。通过投入关注、公开讨论并利用直觉，我们可以将直觉提升到其应有的高度。

你会有意识地关注自己对某个观点或决定的感受而不是只关注自己的看法吗？你会鼓励别人分享自己的本能感受并且不会立刻要求他们做出解释吗？越多地从自己和团队成员那里获得直觉想法和反馈，你就越能接触到更多富有才华的想法。

● 但不要盲目相信直觉

直觉并非真理。直觉是有趣的假设，或者像罗宾·霍格思说的那样，它们是"'需要加以解释的数据'"。你需要检测自己的直觉，因为很多时候偏见和快速思考都会影响直觉。创造"好的学习环境"，拥有大量反馈和数据，这是皮克斯、GiveDirectly 和波哥大市在由直觉引领的革命中取得成功的关键。

你能确定自己处于好的还是坏的学习环境吗？你能采取什么措施，让学习环境变好，让自己获得更多反馈意见和数据并减少偏见？

第 9 章 获得反直觉创意，用出人意料的方法解决高难度问题

● 削弱偏见

还记得用屏保程序展示身材矮小、光头的高管以及其他不符合刻板印象的形象这个简单又有效的方法吗？

你需要做什么才能提醒自己现实并非绝对一尘不染？你是否有意识地寻找与自己的基本假设不符的证据？

● 接纳困难与荒谬

我们发现，解决看似难以解决的问题时，最大的问题在于我们希望迅速用简单的方法解决问题。延长和难题共处的时间并不会真正让人痛苦，想想爱因斯坦满手出汗地踱步；像埃里克·斯沃茨一样换个方式重述问题，问题不是头盔，而是佩戴头盔的人们的行为；留出空间，考虑古怪的解决方案，如果交通小丑的效果比警察更好，那一切皆有可能。

如果你能掌控经过训练的直觉，你就很有可能分辨出好的解决方案。这就是一些人的创意和直觉可以成为反直觉的突破点并改变整个世界的原因。

UNSAFE THINKING

HOW TO BE NIMBLE AND BOLD WHEN YOU NEED IT MOST

第 5 部分

策略 5，
用怀疑的态度面对规则

UNSAFE THINKING

具有高度创造力与时刻遵守规则，两者不可兼得。而创造力的限制不只来自专横的老师或者短视的老板，还源自我们自己。倾听不同于自己的人的看法，就像面对一个不容易解答的谜题或数学题，虽然很有难度，但能扩展我们的思维。

第 10 章

做"正确的事",
可能会让你重蹈覆辙

为什么有时
发挥创造力必须
要打破规则?

第 10 章 做"正确的事",可能会让你重蹈覆辙

玛丽萨·迈耶(Marissa Mayer)不只是不喜欢眼前这个想法,她甚至还觉得这个想法很吓人。然而,保罗·布赫海特(Paul Buchheit)的提议中有着让人无法抗拒的魅力。

布赫海特这些年来一直致力于一个专家项目,他要研发一个内部称为 Caribou 的新服务项目。一些公司管理层成员已经使用了这个服务的初始版本,他们觉得很好用。但这个项目的开发却陷入了停滞,因为公司不知道怎么用这个项目赚钱。如果无偿交给公众使用,谷歌每年可能要损失几十亿美元。

布赫海特想出了一个相当迂回甚至有点狡诈的方法。这有点讽刺,因为他本人就是谷歌著名的座右铭"不要作恶"的最初倡导者之一。

这个服务项目最终成为公众熟知的 Gmail。布赫海特提议,谷歌可以负担 1G 免费存储所需的成本,公司可以像一个在鸡尾酒派对上喝得半醉的社交白痴一样,通过用户阅读邮件时的嵌入广告获得营收。

你的朋友:今晚想一起吃饭吗?

你：好啊，去哪儿？

一直在旁边偷听的奇怪家伙：试试那个只要19.99美元的新鸡翅桶。

很吓人，对不对？迈耶认为很吓人。她记得自己当时的想法是，"肯定会很糟糕。"她对布赫海特说，这个方法不行。会议最后，迈耶再次否决了布赫海特的提议。

"走出门时，我停了1分钟。"迈耶后来回忆，"然后我说，'保罗，我们都同意不去尝试广告这个方法，对吧？'他说，'是啊，没错。'"

布赫海特的承诺听起来很真诚，但只持续了几个小时。布赫海特非常确定，老板只要看到广告就会改变态度，于是那天晚上他疯狂工作，搭建了基本架构。第二天早上，迈耶查看邮件时，她看到一个朋友邀请她徒步登山，信息旁边出现了一条登山鞋的广告。接着，她看到了一封阿尔·戈尔（Al Gore）在斯坦福大学演讲的邀请函，旁边附带了一则戈尔新书的广告。意识到布赫海特一定是通宵工作才实现了他的疯狂梦想，迈耶决定严厉批评他前，先让他睡一觉。布赫海特昏睡的这段时间，生闷气的迈耶的观点却开始出现变化。这些广告实际上很有用。等到布赫海特上班时，谷歌创始人拉里·佩奇和谢尔盖·布林也看到了广告，并且他们表示认同。

谷歌在2004年4月1日面向几千名受邀用户推出了Gmail，之所以选择愚人节这天，是戏谑地承认免费为用户提供1G邮件存储空间的做法过于惊人。1G空间是主要竞争对手Hotmail提供的存储空间的500倍，很多人确实认为谷歌是在开玩笑。然而，更多的人认同迈耶的观点，认为广告的做法不对，他们无法接受服务具有定向性这种描述。专家、政治人物和各种民权团体的批评接踵而至。到4月6日时，已经有31家机构和个人签署联名信，要求谷歌停止 Gmail 业务。加州参议员利兹·菲格罗阿（Liz Figueroa）甚至言辞激烈地对谷歌说 Gmail"对你们自己以及所有客户来说都是巨大的灾难"。

可当普通用户用上 Gmail 后，他们却对这个新服务赞赏不已。不久后，eBay 上一个 Gmail 的免费邀请码的售价已高达 150 美元。时至今日，正如布赫海特预想的那样，Gmail 已经拥有超过 10 亿快乐的用户；而从盈利角度看，布赫海特"吓人"的发明大获成功。

寻找更优秀的解决方案，有时需要我们违背现有规则，甚至是去歪曲或者违反规则，向现状发起攻击。我们的老板和所在机构会明确地将一些规则施加给我们。为了创造 Gmail，布赫海特必须与一个在商业世界具有重要地位甚至是普世真理的规则做斗争，那就是必须遵守上司的直接命令。此外，还有那些我们从小就接受教育并内化的规则、社会常规以及文化道德体系。当极为重视道德的布赫海特被告知他的创新有错、不合适甚至邪恶时，他必须与自己内心的压力对抗，才不会直接放弃。对谷歌和 10 多亿用户来说，幸运的是他坚持了下来。

不少研究表明，具有高度创造力与时刻遵守规则，这两者不可兼得。哈佛大学的研究人员弗朗西丝卡·吉诺（Francesca Gino）邀请人们在实验室中接受 3 个测试，对上述关系进行了研究。第 1 个和第 3 个测试为创造力测试。参与者在第 2 个测试中被告知可以赚钱，这个测试的内容只是简单的数字相加。在吉诺的实验设计中，参与者在第 2 个测试中可以轻松作弊，因为评分和报告成绩的是参与者本人，一切都建立在诚信基础之上。他们不知道吉诺的团队能够察觉到他们在作弊。

研究人员发现，作弊的人通常比不作弊的人更有创造力。也许这意味着富有创造力的人更喜欢作弊。实际上，吉诺做出总结，她在与同事丹·阿里利（Dan Ariely）合写的文章中表示："在我们的研究中……更强的创造力会通过提高个体对自身不道德行为的辩解能力，而激发不道德行为。"

但这里还有一个更让人意外的结果：以第 1 个测试的结果为基准，如果参与者在第 2 个测试中作弊，那么他们的创造力评分会在第 3 个测试中得到提高。吉诺总结道，由于创造力通常需要违反既定规则，那么对违反规则进行练习，就能让我们的大脑在面对未来的问题前做好更有创造力的准备。

吉诺发现，**富有创造力可能让我们变得不诚实，不诚实反过来也能强化我们的创造力。**

亚利桑那州立大学的张震同样在倾向违反规则与未来人生取得创造性成功之间发现了持续稳定的关联。在他研究的白人男性中，青少年时期的轻微违法行为，比如盗窃或损害公物，预示着这样的人拥有更大的概率在未来成为成功的企业家。

当然，无差别地违反规则和做出反社会行为很快就会吸干我们的内部资源。如果过于频繁地打破过多规则，你就需要将宝贵的时间和精力用于规避惩罚、修复破损的人际关系以及与自己的良知做斗争。作家华莱士·斯特格纳（Wallace Stegner）对我们需要追求的平衡做出了总结："当你意识到自己能做的就是选择遵守什么样的规则时，这就是智慧的开端。而如果认为自己可以无视任何规则，那将是极其愚蠢的想法。"

因为歪曲或违反规则时，我们的创造力能够得到提升，又因为我们能在其他人不敢涉足的领域发现更多机会，所以我们会越来越主动地寻找违反规则的机会。问题在于，我们通常会为自己的反抗行为付出代价。

创造力的代价

学校、企业和政府出于合理原因制定了各种规则，比如提高可预测性、降低风险、创造和谐环境，等等。与此相对，新颖而具有突破性的观念通常存在不可预测、有风险的特点，也会颠覆现有模式。这也是公司和管理人员虽然嘴上说他们重视创造力，但又会在创造力出现时直接回绝，迫使富有创造力的人不得不通过说谎、作弊，想尽办法才能把创意变为现实的原因。

研究员埃里克·韦斯特比（Erik Westby）和V.L. 道森（V. L. Dawson）想知道，这种奇特的爱恨关系是否影响到了我们的早期体验。如果答案是肯定的，那么学校里的老师是否在创造性思维价值的问题上，向小孩子传达了错误的信号。询问教师对创造力的态度时，他们会立刻回答说，创造力是一项重要技能。一项调查显示，96%的人认为创造力非常重要，所以需要在日常上课时专门教授这项技能。可老师们真的喜欢和重视有创造力的孩子吗？

为了找到答案，韦斯特比和道森挑出了创造力极强的孩子身上最典型的10个特征和最不典型的10个特征。创造力特征里包括不循规蹈矩、意志坚定、个人主义及思想先进；不太具有创造力的特征里包括容忍度高、现实主义、可靠及可信赖。接下来，老师将以这20个特征对一个最喜欢的学生和一个最不喜欢的学生进行打分。你可能已经猜到了这个实验的走向，也很有可能不认同实验的结果。所有接受调查的老师选择出的最不喜欢的学生，在创造力方面都得到了高分。除了一名老师之外，其他人选出的最喜欢的学生在创造力上的得分都很低。就连学生本人，可能因为受到老师的影响，也看不上富有创造力的同学。另一份调查发现，同龄人认为富有创造力的学生的行为举止最为糟糕。

对小孩子来说，成为老师最不喜欢的学生是非常严重的劣势。韦斯特比和道森从他们的研究中得出结论，现代课堂从一开始就不自觉地对小孩子发出了明确信号，告诉他们创造力不受欢迎、不被接受。

年少时，我们就学到独创性可能会让我们付出代价。我们要小心谨慎，不要过于在意这个经验教训。为了减轻违反规则带来的恐惧，我们可以养成提问的习惯。先问"这个规则是用来解决什么问题的"，再问"解决这个问题，有没有其他更好的方法"。只要不诱发让人感到耻辱和焦虑的作弊行为，这种简单的思维实验就能为我们打开更多的可能性。

布赫海特知道，和其他工作场合一样，谷歌同样要求员工听从高管的命令；如果高管因为公司不希望市场上出现劣品或者不希望员工浪费宝贵的时间而否决一个创意时，员工应当服从命令。但布赫海特想办法绕过了这些障碍。他在一夜之间搭建起了 AdSense 的框架，只向试用这套工具的少数人推送了这个服务。因此，他虽然违反了规则，但并没有打破高管或公司的信任。但有些时候，我们必须做出更大、更有风险的反抗。

1983 年的一天，巴里·马歇尔觉得自己的内脏快着火了。他隐隐约约地意识到，是时候把自己正在做的事告诉妻子阿德里安娜了。他得告诉妻子，为什么自己每天早上 6 点半必须起床跑到厕所催吐，为什么自己会有口臭，为什么他几乎无法工作。

马歇尔怯生生地承认，10 天前他喝下了一碗牛肉汤，汤中包含了他从一名病情非常严重的患者的内脏中提取出的数十亿个螺旋杆菌。阿德里安娜很熟悉这种细菌；事实上，她的丈夫过去两年一直在研究这种微生物。

马歇尔对螺旋杆菌的痴迷开始于 1981 年，那时的他作为从业 3 年的住院医师，需要寻找一个获得医生执照所必需的研究项目。在他工作的澳大利亚西部回水医院里，马歇尔遇到了一位名叫罗宾·沃伦（Robin Warren）的

第 10 章 做"正确的事",可能会让你重蹈覆辙

病理学家,沃伦向这位年轻的医生提出了一个颇具吸引力的课题。沃伦说他在自己的所有胃溃疡患者体内都观察到了一些不同寻常的螺旋状微生物,他想知道这些微生物为什么会出现在那里。

和当时的所有医生一样,马歇尔知道压力、不健康的饮食习惯和吸烟会导致胃溃疡。工作上的烦心事、让人烦躁的配偶、一周内频繁暴饮暴食等都是人们经常自述的"导致我出现溃疡"的原因。可这些细菌在胃里做了什么?

得过胃溃疡的人都知道,这是一种极度痛苦的疾病;对一部分人来说,胃溃疡会导致胃癌和死亡。在那时,西方国家有2%～4%的人服用抗酸药来治疗胃溃疡。但抗酸药更像是创可贴,起不到治愈疗效。那些服用抗酸药也没有效果的患者只能寻求精神科医生的帮助,希望减轻压力,或者干脆让外科医生切掉自己的一部分消化道。治疗胃溃疡是一个价值数百万美元的产业,巴里·马歇尔就这样一头扎了进去。

马歇尔想起沃伦给了他一份 20 名感染这种细菌的患者名单。几天后,其中一名 80 岁的俄罗斯男性碰巧因为严重的胃疼来到了马歇尔的办公室。没什么经验的马歇尔觉得患者年龄太大、身体太虚弱,不能动手术,他想起了沃伦提到的神秘细菌,他给这位患者开了抗生素。"两周后,他回来了。"马歇尔回忆道,"他的脚步很有力,好像翻着筋斗一样走进了诊疗室。他的病好了。感染消除后,他痊愈了。"

马歇尔心里有了一种强烈的想法:也许所有人都搞错了。如果胃溃疡是螺旋杆菌导致的呢?假如能用抗生素治疗呢?和其他医生一样,马歇尔决定根据现有程序测试自己的假设。他对 100 名患者进行了临床研究,结果在所有患有胃溃疡的患者体内都发现了这种细菌。

"提交研究结果后,我们被委员会驳回了。"马歇尔回忆。

马歇尔说他试图保持耐心。他明白,在科学进步的过程中,其他人的任务就是否决新理念,再由创造者寻找证据,赢得他人的支持。可随着外界的拒绝接踵而来,马歇尔开始怀疑那些一周诊断30个胃溃疡患者、每次收费1000美元的医生也许对廉价的一次性解决方案不感兴趣,即便这种方案能救人性命。

"情况很让人绝望,我看到有患者因为出血性胃溃疡几乎丧命,我知道他们需要的只是抗生素,但他们不是我的患者。"马歇尔后来接受《探索》(*Discover*)杂志采访时表示,"也就是说,患者在那里不断出血,服用胃酸阻滞剂,第二天早上病床就空了。我问'他去哪儿了?'他去手术了,胃部被切除了。"

接下来,马歇尔显然应该进行临床试验,将范围扩大到自己的患者之外,治疗足够多的患者,以证明或推翻自己的理论,而这个试验又不能在动物身上进行。可因为得不到医学界的支持,医院不会允许他进行这样的临床试验。规则非常明确。想进行人体试验?你需要先得到许可,再等待正式批准。你可以反复申请,可如果得不到批准,最终只有放弃这一条路。

和很多设计目的在于设立秩序、确定可预测性的规则一样,马歇尔要对抗的规则也是一把双刃剑。一方面,规则确实能够拯救人类的生命,即便规则会减慢治疗方案投放市场的速度。另一方面,有权有势的人会为了一己私利而滥用权力。在马歇尔的案例中,尽管有证据表明马歇尔和沃伦的发现具有巨大潜力,那些需要继续卖药、继续使用现有治疗方案的人却在利用规则为自己牟利。

马歇尔不愿意按规则行事,于是他采用了反传统的做法,在自己身上进行临床试验，很多人甚至认为他的做法不道德。这就是他喝下受污染的牛肉汤、病得如此严重的原因。

"如果你玩过高空跳伞或蹦极，我当时的感觉有点像就要跳出去前的那个瞬间。"马歇尔告诉我，这就是他喝下牛肉汤时的感受。

马歇尔对妻子说，试验有效果了。细菌已经彻底感染了他的消化系统，他现在患有胃炎，也就是胃溃疡的第一阶段。他没有因为压力、吸烟或者不健康的饮食习惯患上胃溃疡，而是通过主动感染患病。马歇尔兴高采烈，但阿德里安娜吓坏了，担心他会传染全家人。她坚持要求马歇尔马上停止试验。马歇尔要求再坚持几天，阿德里安娜勉强同意了。那个周末，马歇尔服用了抗生素，治好了自己。

"能够清除细菌，说实话我的运气有点好。"马歇尔向我承认，"我的一个朋友一年后进行了尝试，结果他的患病时间长达3年。我只服用了一次抗生素就好了。"

主动感染细菌并治愈后，这名来自澳大利亚回水医院的医生终于得到了关注。可关注他的并非《柳叶刀》（Lancet）或《美国医学协会期刊》（Journal of the American Medical Association）这样的医学专业期刊，而是《国家询问者》（National Enquirer）和《读者文摘》（Reader's Digest）这样的通俗杂志，他们听说了马歇尔的故事，认为这个把自己当作小白鼠的疯狂科学家能够取悦读者。这些报道让马歇尔在美国第一次获得了关注。接下来，既对马歇尔的科学精神感兴趣，又被他的个性感召的《纽约时报》医学专业记者劳伦斯·奥尔特曼（Lawrence Altman）报道了马歇尔的工作。"我从没见过医学界对一个故事抱有这么高的戒备心和批评。"对马歇尔进行正面报道后，奥尔特曼这样回忆外界的反应。不过，社会的大趋势开始出现变化。美国食品药品监督管理局（FDA）和美国国家卫生研究院终于开始关注数据；与马歇尔交流后，他们决定在体制内加速推进临床试验。试验结果无可辩驳地表明，只要使用抗生素，大多数胃溃疡都能治愈。

马歇尔说，到 1996 年，他当年的疯狂设想已经变为主流观点。"只要成功，批评声就会迅速消失。" 2005 年，马歇尔和沃伦获得了诺贝尔医学奖。胃溃疡从终身疾病变成了可以治疗的小毛病，胃癌也基本消失于发达国家。

有智慧的反抗

马歇尔对自己寻找胃溃疡治疗方法的过程的描述，勾勒出了一个愿意尊重规则、尝试理解规则并试图在规则内行动，但又绝不允许规则阻止他实现要结束数百万人的痛苦的更高目标的人物形象。这个做法听起来简单，但马歇尔的行为让他成了医学界奇特的局外人。即便已经过去了 30 年，他拒绝接受否定，以及大胆甚至危险的创造力仍然在医学界广为流传。

这种对待规则和打破规则的态度有一个专有名称：有智慧的反抗。作家艾拉·夏勒夫（Ira Chaleff）通过观察导盲犬的工作训练，将这个概念引入了商业世界。想象一个盲人女性和她信赖的导盲犬。想让这个组合正常生活，导盲犬必须极度服从主人的命令，将主人的目标视作自己的目标。可如果主人要求导盲犬走到马路上，但导盲犬这时看到一辆车正在驶来，走上马路可能会导致主人和自己受伤或死亡时，它会怎么做？神奇的是，不需要抽象思维或语言，导盲犬就能像马歇尔一样为一个更高目标而违背主人的命令。它们会无视一个不利于主人与自己的直接命令。没有这样的能力，无论主人还是导盲犬都无安全可言。

有智慧的反抗这个概念很有吸引力，也容易掌握。但在每一个保罗·布赫海特和巴里·马歇尔背后，更多的还是阿布汀·布尔加里斯（Abtin

Buergaris）这样的人。

为了筹集学费读法学院，布尔加里斯在一家负责数字证据的律师事务所找了份工作。他的工作非常烦琐且无趣，每天要做的就是在电子邮件、即时信息和数字文件中寻找与诉讼相关的信息。尽管所有材料都已经数字化，但这家事务所甚至整个行业使用的都是没有技术含量的搜索方法。布尔加里斯只能一个一个地翻阅所有文件。

一位客户提出了一个相对简单的要求：请尽快高效地检查完一大堆文件。布尔加里斯发现，这个挑战有一个简单的解决方法。用电脑扫描数据，就像自己用缓慢而容易出错的眼睛一样，搜索关键词。想到能够节省大量时间，兴奋的布尔加里斯向老板提出了这个想法。奇怪的是，老板不仅对这个想法不屑一顾，甚至态度还有点不友善。布尔加里斯推断，那是因为他的想法还不够完善，不能说服别人，于是他又确定了一些细节，再次找到了老板。

他得到的依然是否定答案。这一次布尔加里斯相信，因为平均一个客户在举证问题上的花费高达 300 万美元，所以他的事务所不愿意加速这个流程，降低相关成本。这个发现让人郁闷，但布尔加里斯还是发现了一个机会。假如他能独自打造一个搜索工具，成为承包商呢？他既能高速发现证据，收费又比人工翻阅证据低得多，事务所还可以继续向客户收取高昂费用。显然，这个建议并没有得到上司的认可。很快，布尔加里斯不仅被开除，还被事务所起诉，说他试图抢走客户。

幸运的是，布尔加里斯不仅在前雇主的攻击中存活了下来，他还成立了一家公司，在全世界拥有 12 个办公地点和 200 名员工。尽管布尔加里斯取得了成功，但任何有在官僚机构和大型公司工作经历的人对他的故事都能感同身受。布尔加里斯的故事表明，"改变"这个行为在工作文化中会面对多么大的抵触，而异见者又会受到多么严厉的对待。

我们如何在不受到惩罚的前提下，将有智慧的反抗引入工作环境呢？研究显示，这是一种双向关系。作为雇员，掌握一些关键策略自然能提高违反规则又不被惩罚的概率。而作为领导者，在我们的设计下，我们的机构也可以从违反规则的行为中获益，而不是去惩罚这样的行为。

如果有意进行有智慧的反抗，我不能保证你肯定不会受到惩罚。布尔加里斯足够小心谨慎，几乎没有做错任何事，但他还是丢掉了工作。不过很多针对机构异见者和违反规则行为进行的研究还是为我们提供了两种有可能平息规则守护者的怒火、让违反规则的创新行为得到认可的方法。

首先，我们需要公开表达对扼杀创造力的规则的不满。尽管反抗公司政策可能会让我们被打上"麻烦制造者"的标签，可秘密反抗却会让我们树敌更多。长年研究机构异见者的杰弗里·卡辛（Jeffrey Kassing）表示，机构内一般存在两种类型的反抗者：一种是公开表达立场的表达型异见者，另一种则是默默行动的潜伏型异见者。出人意料的是，沉默的潜伏型异见者在同事和管理层眼中比言辞激烈、热爱辩论的人更不忠诚。表达型异见者也许将担忧写在脸上，但高管更有可能觉得这样的人容易满足、具有影响力和专注力，他们与上司更有可能保持良好的关系。所以与直觉相反，想要违反规则，我们最好公开、而非秘密地进行。

其次，你要明确表达打破规则有益于社会的价值，而不要强调个人原因。这非常重要。相比帮助员工实现重要的个人目标，或者纠正个人受到的不公正待遇，管理人员更有可能原谅为客户、同事和这个社会的利益而实施的违规行为。比如巴里·马歇尔寻找胃溃疡治疗方案这个例子，尽管他违背了医学常规，可人们无法忽视他的无私动机和巨大贡献，所以很快他就得到了原谅。马歇尔从未抱怨过自己得不到重视或者得不到进行试验的许可，他始终强调自己的目标是帮助数百万胃溃疡患者。

鼓励他人反抗

尽管心思缜密地做出反抗，我们仍有可能会像布尔加里斯一样，受到僵化、腐败的环境的惩罚。但当布尔加里斯的创新改变了整个行业后，输掉这场竞赛的就是他的原雇主。艾拉·夏勒夫在描述有智慧的反抗时这样写道："就连那些发出错误命令的人也会从我们的正确选择中获益。"这话没错，可只有当领导者具有足够的智慧，愿意创造一种能够容忍一定程度的反抗甚至有时赞赏反抗的文化，夏勒夫的说法才能站得住脚。假如谷歌的企业文化是惩罚任何程度的反抗行为，我们就很难想象保罗·布赫海特会有机会创造出 Gmail。

当然，仅仅容忍异见是不够的。"最喜欢的学生"这个研究告诉我们，我们身边的大部分人都成长于奖励顺从、惩罚自由独立思考的环境。想要成功地进行有智慧的反抗，领导者需要像导盲犬训练师一样主动去传授这样的知识。

夏勒夫生动地讲述了军队里的一名上尉接替极为独裁的前任的故事。抵达基地后不久，新来的上尉找到一个年轻的中尉发出了一个命令。这名中尉赶忙立正，大喊，"是的，长官！"但这个上尉并没有就此打住。"我刚才的命令合理吗？"他问。中尉不假思索立刻重复，"是的，长官！"但他有点紧张了。实际上，发出命令的上尉是在考验这名中尉是否考虑了自身利益，因为前任指挥官的原因，他显然不具备这样的能力。当上尉再次提出这个问题时，中尉结结巴巴地回答，说他不确定。"中尉，如果你不知道命令是什么，或者根据实际经验认为这个命令不合理，我是不可能让你以我的名义去执行命令的。"当中尉再次回答"是的，长官"后，上尉带他进行了一个奇怪的训练。他给这个年轻人下达命令后让他回答"那是胡扯，长官！"直到中尉能大声、坚定地说出这句话后才能停下。

接下来几周，这个中尉一直接受训练，他要理解收到的命令，并且要在命令不合理时提出质疑。有一天，基地的上校将上尉和中尉叫到了办公室。上校的一个侄子也驻扎在这个基地，他惹上了麻烦。上校问中尉，能不能帮他的侄子摆脱困境。这一次，中尉面对的不再是考验而是真的难题了。"长官，那是胡扯，长官！"中尉自信地回答。上校瞪大了眼睛，就在他要发火时，上尉说话了。"没问题长官，我来处理。"他说。随后他推着中尉走出了办公室。"干得漂亮。"离开上校的视线后上尉说道，然后他返回办公室，平息上司的怒火。

所有希望在工作环境中引入建设性地违反规则的公司文化的领导者，都应思考这个故事中上尉的一些重要做法：他特意强调不接受盲目服从的行为，要求下属主动思考并明确提出反对，当下属在高风险环境下反抗时又主动出面保护。通过这些方式，上尉确保了必要时下属能够最大限度地发挥自己的聪明才智和创造力。相比控制一群不会思考的机器人，这种做法最终能让他获得更大的力量。

如果训练下属具备不服从精神显得遥不可及，卡辛提供了另一种解决方案。他表示，**机构只需要在建设性地违反规则的行为取得良好效果时表达赞赏，就能有效地鼓励这种行为更多地出现**。通过寻找"正向偏差"（Positive Deviance），我们就可以实现这个目标。正向偏差的概念源于公共卫生领域，研究人员发现，在遭遇各种难题的社区中，总有一些家庭的生活相对更好。举个例子，这些家庭的食物资源同样受限，但他们可能会采用一日多餐的形式，或者将传统上可大量获得的植物融入食物中以补充营养。正向偏差的理念在工作场合也随处可见。在充斥着会议、打卡和烦琐批准链条的令人窒息的环境中，如果仔细寻找，我们总能找到一两个规避体系、有创意且高效的反抗者。研究人员表示,这样的人通常处于等级制度的较低层级。

如果找到了这样的反抗者,最自然的做法就是庆祝他们的成功,同时隐瞒他们违反规则的行为。然而,这些正向偏差的变通方法却能为其他人提供重要的示范作用。发掘并分享这样的故事,其实是在向所有人暗示,有智慧的反抗行为可以被接受,甚至可能获得奖励。当然,我们也需要消除这些正向偏差者挑战的无用规则。

牵制规则

既能成功驾驭打破规则的反抗者的创造力,又不会陷入彻底的混乱,在这方面,世界上恐怕没有比著名的一年一度的火人节(Buring Man)更成功的典范了。每年有超过 10 万人聚集在沙漠中,他们会搭建起一座临时城市,其中既有多层公共建筑,又有交通系统、学校和医院。火人节是一个完全由参与者组织的活动,但与外部世界不同,这里很少发生类似建筑物倒塌或暴力犯罪的灾难事件。

火人节的 CEO 玛丽安·古德尔(Marian Goodell)告诉我,和大多数不经认真思考、只因为是通用惯例就设定了数百条规则的公司不同,她的领导团队花了大量时间思考如何用尽可能少的规则保持机构和活动运转,如何尽可能多地排除各种规则。

"让活动更顺利地进行,不能作为我们的唯一使命。"在告诉我他们的规则之一就是尽可能减少规则后,古德尔表示,"让活动充满乐趣、保持锐气、具有不可预测性,我们在决策过程中必须考虑这些因素。关闭所有恶作剧渠道?那会是巨大的错误。"

古德尔表示，火人节最初毫无秩序可言。早期参加活动的人会携带枪支，开着卡车在沙漠里到处赛车。不过随着时间推移，随着活动越来越成熟、规模越来越大，组织者决定尽可能少地引入规则，以保护参与者的安全和活动的主旨精神。

"我们的总体目标，是为其他人创造试验环境。"古德尔说。以不过度计划为前提，古德尔发现社区会独立形成问题解决方案，人们依赖彼此的才能与智慧。这个过程中不断浮现的独特因素，才让火人节既重新定义了节日体验，又不至于彻底恶化成法外之地。

任何机构都能从检查规则、制定与取消规则中获益，他们可以观察哪些规则能够真正推动团队向目标前进，哪些规则只会扼杀创意行为。**尽管拥有一些注定会被打破的规则在实际上有助于激发人们的创造力，但各个机构都应当随着时间推移，以所要解决的事件为基准，理性地精简规则。**

打破我们自己的规则

虽然能够抗拒、规避并且克服官僚主义施加给我们的限制，但大多数人仍然无法随心所欲、充满创造力地自由思考。一生中，我们不断被灌输正确与错误的概念，直到我们的心灵彻底接受这一系列规则。遵守这些规则可能会成为我们身份认同的组成部分。一旦出现这种情况，对创造力的限制便不再来自专横的老师或者短视的老板，而是源自我们自己。

其他领导力和自立类图书大概会说，你要培养强大的价值观并投入大量精力。但这个建议实际上包含着不小的危险。如果我们的价值观就是度过人生，那我们最好认真思考一下，将自己暴露于其他人的价值体系下，想办法升级自己的价值观。我们的大脑会抗拒这种想法，可如果不动手实践，随着道德感越来越强，我们的创造可能性也会不断萎缩。我们确信思考与表达有正确和错误之分，听取我们的观点并合作的人中也存在正确与错误之分。这样的想法会不可避免地大幅削弱我们的创造能力。道德观的僵化与创造力受到局限之间存在联系，这不仅是直觉本能上的感觉，而且也得到了很多研究上的支持。比如，众所周知，"对经验呈开放性"这种性格特点中包含有重新检视社会、政治或宗教观点的意愿，这与创造性表现之间存在强烈关联。与此相对，教条主义显然会对创造性产生不良影响。

然而，在道德面前保持真正的开放心态并不是件容易的事。我们愿意赞赏其他任何形式的灵活性，不管是认知层面还是身体层面，但人们对灵活道德观的评价普遍很低。"灵活道德观"这个说法立刻就能让人产生道德水平低下的联想。为什么会出现这种现象？也许这种针对修改个人道德立场的负面观点，早已深深根植于我们的大脑中。

2016年，南加州大学的研究人员招募了40名自称自由派人士的参与者，了解道德思维和政治信仰中的一个关键环节发生变化时会对现实产生什么样的影响。研究人员会向每一个参与者展示一段声明，再展示一系列可能动摇他们对这段声明的信念的事实。研究人员展示的事实并不都是真的，但都具有很强的说服力。其中一些是政治声明，比如"一般来说，应当对最有钱的美国人加税。"其他则完全与政治无关，比如"测谎仪总体上不可靠。"不出意料，看到了挑战信念的"事实"后，参与者表示，他们对非政治声明的信念出现了比较大的动摇，但对政治观点的态度没有发生太大变化。这个结果有理可循。谁会讨厌与测谎仪有关的新奇、意外的信息呢？当然，如果坚信的道德主张受到攻击，我们自然会产生敌意和对立情绪。更有意思的是，参与者会根据被攻击的信念是否与道德感有关，来选择用大脑中完全不同的区域处理接收的信息。只有对政治理念提出挑战的说法才会激活构成默认模式网络的大脑结构，而这个结构与自省、与脱离外部世界以及构建自我感知有关。研究人员发现，挑战道德信仰会促使我们脱离外部世界，躲避令人困扰的信息，会让我们自我安慰，认定我们的身份认同是安全可靠、不可破灭的。潜意识中，我们一再向自己保证，不需要改变构成自身核心本质的重要信念。

其中一名研究人员乔纳斯·卡普兰（Jonas Kaplan）表示，改变了对电灯泡发明者的认知并不会给人生带来太大改变，但修改一个核心道德观念则有可能意味着颠覆一切。"改变价值观会让你与周围的所有人成为敌人。"他说，"那么，接受这个新证据值得吗？"

因此，从神经角度看，我们人体的设定就是抗拒检查并偶尔修改自己的价值观与道德观。我在前面说过，**想要保持创造的灵活性，我们就必须想办法修改价值观与道德观**。可这个目标真的现实吗？当然现实，因为世界上存在解开我们对自己施加的道德限制的方法，虽然这个方法只能打开一个小小的口子。我们在后面会看到，要学会这种方法，首先开始于其他人。

第 11 章

与敌同行,我们
需要看似敌人的朋友

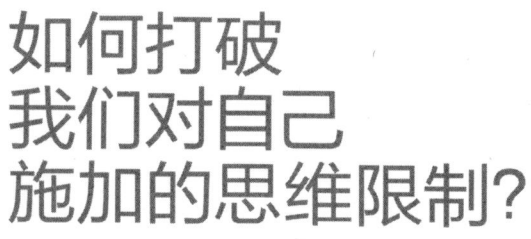

如何打破
我们对自己
施加的思维限制?

第 11 章　与敌同行，我们需要看似敌人的朋友

秋天的下午在郊区举办茶会，这在 2013 年也算不上特别罕见的事。一张咖啡桌上摆着自制的司康饼，一位中年女性和她的两个朋友，以及一位中年男性和他的两个朋友分坐在桌子两边。茶会参与者友好地聊着天。看起来略显奇怪的是，女主持人穿着一条 Lululemon 的瑜伽裤，紫色上衣外面套了件蓝色衬衣，男主持人则戴着一顶大牛仔帽，皮带上还有一个巨大的银质皮带扣。到目前为止，这是两种不同文化碰撞的唯一明显线索。

"今天我们要谈一谈裙带资本主义。"女主持人琼·布莱兹（Joan Blades）说道，她是美国最大的自由派活动社区 MoveOn.org 的联合创始人。每当进入大选周期，MoveOn 都会支出几百万美元去支持左翼候选人。2016 年总统大选期间，布莱兹创立的社区积极利用自身影响力，把资金投给了佛蒙特州参议员伯尼·桑德斯（Bernie Sanders）。

戴着牛仔帽的人嘴里塞满了司康饼，他没说太多话，但点了点头，显然是认同了讨论主题，也是在称赞司康饼的美味。马克·默克勒（Mark Meckler）是茶党专家。他是"茶党爱国者"（Tea Party Patriots）的创始人，这个机构是自 2010 年起横扫共和党的民粹主义思潮的幕后推手。在这个机构的推动下，共和党逐渐向极右发展。

我们大概都能想象得出这段对话的最初走势。"美国政府除了挡在人民面前阻止人民做事外,其他什么事情也没做。"接受默克勒邀请参加茶会的小企业主琳达·吉尔伯特(Linda Gilbert)表示。"你去过公立学校吗?"布莱兹的朋友埃莉萨·巴蒂斯特(Elisa Batista)问道,"警察会在你们的街道上巡逻吗?"

尽管难以有效沟通,但双方的态度比人们想象的要文明和温和得多。巴蒂斯特说话很有耐心,情绪也不激动,吉尔伯特在认真听她说话。布莱兹微笑地看着双方的你来我往。"在缺少人情味的环境下,人们的态度会恶劣很多。"布莱兹后来这样对我说,"面对面时,他们愿意和对方建立联系,也能建立联系。"

随着持续的交流,参加茶会的各方彼此间的信任感逐渐加强。让他们意外的是,他们也开始认同对方的观点。"他们不在乎我们,他们不在乎穷孩子。"默克勒这样评价华盛顿那些只为向他们献金的人寻求好处的政客,"他们不在乎小企业主,他们只是利用仇恨玩弄政治。"每个人都在点头,连自由派人士都以默克勒的评论为基础进一步发表自己的观点。双方的话题范围开始变大,教育、监狱改革和财政赤字问题均有涉及。茶会结束前,参与者已经对几个关键政治问题达成共识;更重要的是,他们在政治版图的另一端第一次交到了朋友。布莱兹后来与共和党战略家格罗弗·诺奎斯特(Grover Norquist)合写的一篇有关监狱改革的专栏文章,就源于此次对话。而这只是布莱兹在美国和世界范围内组织的数百次"跨党派"对话中的一次。她给这些对话起了一个很恰当的名字,叫"客厅对话"。

布莱兹说默克勒很有魅力、很热情,人也很有趣。我能想象,带着这种印象进行互动,布莱兹的道德观会受到更大挑战。谁愿意和另一方充满魅力又有智慧的代表走得那么近?和屏幕上闪过的画面相比,这样的互动经历难道不会对我们稳定的身份认同产生更大威胁吗?

布莱兹表示，客厅对话的形式避免了这种认知上的抗拒心理。"我们邀请人们不要带着说服对方的心态来到这里，而要去倾听。"布莱兹解释道，"关键不在于改变对方的态度，而是建立人与人之间的联系，打开对方的心灵。重要的是在寻求解决方案时让所有人都变得更聪明、更有创意。"参与客厅对话时，布莱兹不会费力说服保守派朋友加入自己的阵营。相反，这些朋友变得更加理解她的立场；有时他们会关心过去根本不会关心的问题，比如环保，就是因为他们在乎琼这个朋友。布莱兹说，这是种不分彼此的关心。

"倾听不同于自己的人的看法，就像面对一个不容易解答的谜题或数学题。虽然很有难度，但能扩展我们的思维。我们需要这个，因为若是想解决我们遇到的重大难题，我们就需要在座的每一个人都拿出最好的创意，用灵活的学习态度共同改善我们的解决方案。"

随机小组比专家小组更高效

默克勒和布莱兹在直觉的引导下共同进行了头脑风暴，这种做法的价值如今也得到了科学的证实。尽管对于在南加州大学的研究中的自由派人士们来说，他们可以很轻松甚至自动地就排斥在电脑屏幕上看到的令他们反感的说法，但长时间与站在对立阵营里的真实人进行面对面交流、而不只是在屏幕上面对一种理念，能大幅提高我们的创造性问题解决能力。在一个学界广泛引用的、出人意料的实验中，密歇根大学的斯科特·E. 佩奇（Scott E. Page）和洛约拉大学的洪路证明，**随机选择的小组在解决如商业、公共政策和教育领域的复杂问题上，甚至比精心挑选出的最优秀的专家小组效率还高。**

"这是因为随机小组更有可能采用多元化的解决方案。"佩奇解释道。专家更有可能采用相似的策略，重复彼此的工作。佩奇表示，随机小组成员因为拥有不同的背景和理念，更有可能迅速解决共同遇到的难题。

"我们在世界上遇到的问题非常复杂，任何人都有可能陷入思维停滞。"他说，"如果我们处于一个所有人的想法都一模一样的机构，那么所有人都会在同一个地方陷入停滞。可如果人们拥有多元化工具，每个人就会停在不同的地点。一个人尽力后，另一人可以介入并继续提高。"

对于越来越多的自豪地宣称，聘用新员工是考虑文化契合度而非技术能力的公司来说，这些研究无疑向他们发出了警告信号。比如谷歌就将他们的文化契合度称作谷歌准则（Googliness）。我们当然希望将消极、具有破坏性的个性排除在团队之外，可"文化契合度"很快就会变成其他人与我们的思维方式一致、关心的内容一样。布莱兹说，排斥那些他们认为不一样或者危险的人，其实是剥夺了自己拓展创造力的机会。就是这样的机会，让杰弗里·布朗（Jeffrey Brown）的牧师将一个暴力泛滥的社区的谋杀案犯罪率降低了79%。

寻找最不可能的盟友

布朗在马萨诸塞州剑桥市开启了牧师生涯，作为一个年轻人，他有着打造一个帝国的梦想。他梦想将自己的小教堂发展成为拥有15 000人的大教会；他希望拥有属于自己的电视频道，打造一个无所不在的品牌，在美国全境传播自己的形象。但他很快就发现，这个梦想只能排在次要位置。他发现自己服务的社区暴力案件频发，每周都有年轻人被枪杀于街头、体育场，甚至布朗的教堂门口。

"20世纪90年代那段时间，社会已经不再讨论怎么解决暴力问题了。"

布朗告诉我,"他们说我们只能面对这个现实,因为暴力不会消失。"对于一个牧师来说,这种对暴力的忍耐态度听起来既疯狂又不道德。

冷血的谋杀让布朗感到愤怒,安抚枪击案受害者悲痛欲绝的家属让他忘记了成为名人的梦想,他的想法开始变得更贴近现实。布朗解决暴力问题的最初方案非常简单:寻找有可能和坏人混在一起的好孩子。他要去挽救那些处于犯罪边缘的孩子,防止那些只为了几美元或者是更凶狠的街头名声就随便开枪的黑帮成员杀害他们。布朗试图吸引那些高危青少年加入教堂,让他们受到保护、重新找到人生方向。但几乎没有人在教堂出现,与此同时,每周都会有新的凶杀案发生。

1990年的一个晚上,一个名叫杰西·麦基(Jesse McKie)的年轻人和朋友走在回家的路上,两个年轻人拦住了他们。这两个年轻人掏出枪对准麦基,让他交出外套。麦基交出外套后,其中一个人还是扣动了扳机。麦基摇摇晃晃地走在人行道上,试图寻求帮助。最终,他死于距离布朗的教堂约90米的地方。

"就算他走到了教堂,也无济于事。"布朗说,"那是晚上,教堂里没有人。"

麦基的死让布朗深受打击,他也认为这是现实在告诉他,他和他的教堂在拯救年轻人免受街头暴力威胁的问题上没有起到任何作用。思考这个问题时布朗意识到,他根本不知道这个社区在夜晚凶杀案频发的时刻究竟是什么样的。

"每天晚上都会发生枪击案。"布朗回忆,"街头非常可怕,但在内心深处,我知道自己必须这么做。"于是布朗又找到了几个牧师,他们会在每天晚上10点走出家门,通常凌晨3点才会回家。在那些黑暗的停车场和运动场上，布朗找到的不是可能误入歧途的好孩子。他看到的是枪手，但他表示，这些人完全不是他想象中的冷血恶魔。

"有一群年轻人曾经在公园做不法的事。公园四周是用铁链连在一起的栅栏，栅栏门口有一个人，他的任务就是确定谁能进入公园。他身上带着枪，属于打手，他从来没跟我们说过一句话。"一天晚上，这个年轻人一把抓起布朗的一个同事，将他拉到了角落里，布朗和其他人只能一脸震惊地等待着同事安全返回。

"鲍勃回来后，我们都抓住他问，'他说了什么？'那个年轻人跟鲍勃说，他有个问题。他说自己做了那么多坏事，好像已经失去了良知。他想知道能不能找回良知。"

这样的经历动摇了布朗的道德观。他发现自己遇到的孩子，尽管本身就是暴力的来源，但也同样害怕走上街头。他们陷入了一个不知道如何才能摆脱的局面。虽然这些人喜欢金项链和浮夸的戒指，但布朗明白，他们并不比自己每周末跑去商场消费的朋友更贪图享乐。如果有人简单地向他灌输这些想法，布朗一定会因为与自己的核心信仰体系矛盾而排斥这些观念。但在凌晨2点与这些年轻人面对面后，他消除了抗拒心理。

"我从没想过自己能和犯罪分子交流信仰问题。"布朗告诉我，"但在街头，面对那些年轻人，我进行了一些人生中最为深刻的交流。"

在一段广为流传的TED演讲中，布朗回忆了自己在街头的最初遭遇让他产生的顿悟。

我谴责暴力，也在谈论构建社区，但我突然意识到，我没有将特定人群包含在我对社区的定义中。所以这里的悖论就是：如果我

第 11 章　与敌同行，我们需要看似敌人的朋友

真的想实现自己想要建成的社区，我需要接触并接纳被我排除在外的这群人。这意味着我不能仅仅为处于边缘的人努力，还要接触并接纳那些实施了暴力活动的人。

这并非有关一个人开阔视野、尊重不同人群的让人愉悦的故事。这是犯罪学家及社会学家口中"波士顿奇迹"的开端，是现代美国历史上最为成功的暴力阻止运动的起点。这项运动，让布朗所在社区的谋杀率下降了超过70%，并引发其他美国城市纷纷效仿。

也许是因为害怕，不知道自己长篇大论地讲道理会引起心狠手辣的年轻人做出什么反应；也许是因为过去对年轻人的刻板印象让自己内疚。不管出于什么原因，当布朗走上街头时，他有了强烈的感觉，不要去说教，而是去倾听。"他们"认为应该怎么做才能减少暴力案件？

"他们给出的答案让我感到意外。"布朗回忆道。那些游走在犯罪边缘的人立刻指出了学校放假的问题。他们告诉布朗，不上学的时间就是失控时间，因为学生没地方可去，无事可做。布朗也发现，假期时凶杀案的发生率会飙升。警察当然也知道这个问题，但他们没能找到有效的方法解决这个可预测的问题。"年轻人说我们需要一个玩的地方，学校体育馆行不行？我跟校长提出了这个想法，他有点震惊。但我们达成协议，开放一个篮球场和一个羽毛球场，还配备了一套广播系统让他们播放音乐。第一天晚上，体育馆里来了 1100 个年轻人，他们没惹出任何麻烦。"犯罪率在那一周出现了大幅下降。和世界各地的孩子一样，当地的孩子只是需要一个可以玩闹、释放活力的地方。这种安排让他们在打架和杀人外有了更多可以做的事。

有些曾经犯过罪的人要求布朗帮他们联系小额贷款机构，方便做合法的小生意。布朗认为，"让一个罪犯改过自新，就等于多了一个年轻的创业者。"有些年轻人成功地做起了生意，开始雇佣朋友为自己打工。

"我们不再把他们看作需要解决的问题,而是把他们看作搭档、人才和合作者。"布朗表示,"一边是牧师,另一边是罪犯,双方一起想办法,让教堂能够帮助整个社区。我们自己是想不出这些方案的,但双方联手就可以。"

布朗的行动逐渐发展为名为"停火行动"(Operation Ceasefire)的治安计划,他在其中仍然具有重大影响力。停火行动号召整个社区,包括警察、神职人员和社区领袖来寻找经常参与暴力活动的年轻人,将他们召集在一起进行面对面交流。他们会传达两个信息:下一个开枪的团体将会立刻遭到严厉打击,而有心改邪归正的人不仅能获得帮助,还有机会和所有人一起为社区的发展做出贡献。停火行动让加州斯托克顿市的涉枪谋杀率下降了42%,印第安纳波利斯市的类似案件发生率下降了34%。从1990年到1999年,波士顿的年均杀人案件数量从152起下降到了31起。

我问过布朗,他究竟是如何放下了心中对恐吓他的社区以及阻挡他实现个人梦想的暴力青年的愤怒与鄙夷。当然,在赞美美好、谴责邪恶的问题上,没有人能比得上在电视上布道的人。放下心中的愤怒和对年轻人的批判心态,这是不是很难?布朗说,如果没有走上街头和他们面对面交流,他就不可能放下心中的成见。和琼·布莱兹的客厅对话一样,**仅仅是和敌人坐在一起、倾听他们表达自己的观点,就能开拓更多的创造性渠道,获得更多解决方案,而这些方案是价值观与思维极其单一的人无论如何也想不出来的。**

尽管停火行动充满智慧,而且拯救了很多生命,但在接下来的10年,这种做法逐渐烟消云散,就是因为道德观极为狭隘的一群人抗拒这样的做法。在一个又一个城市,当警察中支持这个行动的人一个个离开后,新来者便逐渐偏离了停火行动的核心原则。

"大规模地简化流程,这种做法没有天然的支持者。"哈佛大学肯尼迪政治学院的研究人员托马斯·阿布特(Thomas Abt)接受ProPublica的采访时这样表示,"改革派希望看到更多的预防措施,保守派则希望加强执法力度。"阿布特表示,拒绝容忍暴力行为,又拒绝妖魔化暴力犯罪者,"挑战了两边的常规思维,让每个人都感到不舒服。"

在一个非黑即白的世界里,出现这样的不舒服丝毫不让人意外。可如果因此放弃充满智慧的创意,"不舒服"就变成了悲剧。规则、价值和道德体系维系了整个世界,帮助人们控制最糟糕的冲动。可这些因素也会限制我们的想象力和创造力,因此我们也需要带着怀疑的态度去面对它们。

风险思维离开创新者的大脑,接触更广泛的人群后,"正确"与"错误"的持续对抗将不可避免;我们会发现,任何团队都有着天生的规则执行力,有着坚定的是非观,同时也在寻求安全感。**想要让风险思维获得认同,我们就必须学会"感染"身边的人,让他们有意愿进行更灵活、更大胆地思考。**我们会在后面讨论具体的做法。

UNSAFE THINKING

打破常规的创新策略 5:
用怀疑的态度面对规则

● 练习反抗

时刻遵守上级的命令,你的创造力就会受到严重限制。没有深谋远虑就反抗,你会遭到团队甚至所在机构的排斥。艾拉·夏勒夫以导盲犬为例提出了"有智慧的反抗",这是个好方法。全身心投入到事业中,但绝不能盲目服从。

遇到限制创造力的规则时,先改变规则;如果无法改变,公开表达打破规则的意愿。其他人会欣赏你。设计好自己的反抗行为，让其他人最大限度地获得收益，如此一来，你的反抗行为就很有可能获得原谅。

● 教会他人反抗

所有人都希望自己更有创造力，但学校、公司甚至我们自己的大脑已经设定为奖励顺从行为、惩罚特立独行的模式。是时候做出反击了。

你的机构不需要哪些规则也能正常运转？记住，尽可能减少无用的规则有助于激发人们的创造力。你是否愿意扮演异见者，或者讲述那些越界但团队因此受益的人的故事？这样的故事不仅会让人知道异见者会被接受，也能告诉人们如何更有效地进行反抗。

● 寻找观点不合的盟友

大多数人会自然而然地拒绝与观点不合的人坐在一起。这会对我们的身份认同造成威胁，也给人一种背叛己方阵营的感觉。但在这种看似不可能的关系中，就像波士顿的杰弗里·布朗那样，我们可以迅速提高自身的认知能力，找到隐藏的解决方案。

你愿意抽时间与来自对立阵营的人交流吗？也许你会发现，你眼中的敌人其实是最有效率的盟友，只要你愿意认真倾听。

UNSAFE THINKING

HOW TO BE NIMBLE AND BOLD WHEN YOU NEED IT MOST

第6部分

策略6，
打破限制创新的共识，
创造允许失败的安全环境

UNSAFE THINKING

破坏力与安全感是两种看似矛盾的力量，但如果将两者结合起来，就能最大化地激发人的冒险精神与创造力。

第 12 章

创造一种鼓励
冒险的文化

?

如何打破
"亲和力陷阱",
制造有益的冲突?

第 12 章 创造一种鼓励冒险的文化

2014 年 10 月，美国最大的药品连锁零售公司沃尔格林（Walgreens）发布了一份公开声明。"我们相信，如果目标真的是减少美国的烟草消费量，那么零售药店最有效的做法就是从根源入手，帮助烟民戒烟。"沃尔格林公司宣布，"我们的目标，是让近十年基本保持不变的美国成年人 18% 的吸烟率再次降低。"

尽管这份声明听上去就像一个声势浩大且大胆的反吸烟运动的开端，实际情况却并非如此。相反，这只是沃尔格林公司每年继续在门店销售几百万包香烟的理论基础。一家医药健康公司一边兜售香烟一边宣称与烟草消费做斗争，这听起来相当虚伪，但沃尔格林公司的决定并不让人意外。如果完全停止出售烟草，这意味着沃尔格林每年会放弃超过 10 亿美元的营业收入。而且公司高管合理推测，即便采取大胆举措彻底停售香烟，客户也只会选择去其他商店购买香烟以解烟瘾。实际上，停止销售香烟这个想法本身就难以想象，不过就在几天前，沃尔格林公司的竞争对手，美国第二大零售药店连锁公司 CVS 公司宣布，他们会彻底停售香烟。

"做出那个决定的两年前，我们就开始在公司内部创造一种与企业文化和宗旨相关的共同语言。"CVS 公司内部捍卫这一争议性决定的海伦娜·福克斯（Helena Foulkes）回忆道，"我们将公司宗旨定义为帮助人们走上更加

217

健康的道路。"尽管这个宗旨非常直白且无可争辩，但公司内部很快就因此出现了问题。

福克斯当时在CVS担任战略及政府事务部门主管，每当与员工交流时，总会有勇敢的人向她提问，"如果那就是我们的公司宗旨，那为什么我们还在出售香烟？"福克斯说，这样的问题让她越来越坐立难安。有这种感受的人绝不是只有她一个，几乎公司里的所有人都注意到了其中的讽刺意味。人们心中存在着一个心照不宣的共识：这就是一直以来的运行方式，未来也很有可能继续下去。

福克斯与众不同的原因可能在于，出售香烟不仅从专业角度让她感到坐立不安，这个问题还夹杂着她的私人感情。福克斯是癌症幸存者，她的母亲5年前因肺癌去世，而在她所在公司的推动下，数百万人也面临着患上这种疾病的风险。

如果只是因为个人感情而提出倡议，福克斯知道她绝不可能将烟草从CVS的7800家门店中清理出去。CVS每年的烟草营业收入约为20亿美元。她的朋友与同事工作的CVS内部其他业务部门希望进一步提高烟草销量。为了改变公司方向，福克斯和几个搭档明白，他们必须拿出令人信服的证据。

福克斯在这个重大变革中提出了以下论点：美国正在经历重大的医疗体系改革，CVS已经做出巨大努力，希望获取由《平价医疗法案》创造出来的新市场。公司正在扩大简易健康门诊的规模，希望能及时治疗患者。同时，公司内部的战略分析师预测，保险减免额度的提高将会促使客户更多地使用现金购买药品，从而增加药品销量。福克斯和她的同盟推测，未来关乎CVS生死的增长机会，取决于公司在医疗保健领域的表现。类似清洁用品、糖果和香烟这样的零售商品的重要性将越来越低。因为次要商品而损害公司

第 12 章 创造一种鼓励冒险的文化

在蓬勃发展的医疗保健市场的竞争力,这难道还不够疯狂吗?福克斯主张停止出售香烟,"真正的医疗保健公司"这个品牌吸引来的合作伙伴和客户足以弥补停售香烟带来的损失。

通过相对中立且详细的解释,福克斯的主张听起来合情合理,甚至有些难以辩驳。可任何在成熟机构工作过的人都知道,威胁短期收益并挑战日常行为的扎实建议总会被埋没。沃尔格林公司同样掌握福克斯团队掌握的所有信息,可即便在主要竞争对手采取行动后,他们也能找到理由抵制合理的逻辑。我们在后面会看到,尽管沃尔格林公司提出的理由充满瑕疵,但这并没有妨碍他们以此为由拒绝改变策略。

福克斯说,她花了一年多时间倡导这份计划,逐渐打造出了将计划变为行动的势头。她进行了难以计数的对话交流,就是为了打破"销售香烟是药店日常业务"这个共识。尽管私下感到困惑,但没有人想过质疑上述观点,但福克斯坚定地认为,这个共识已不再适合公司。福克斯非常谨慎,她会从道德角度出发说服那些她认为感性的人,而在面对更为理性的同事时,她更多地依赖商业方面的案例与事实说服对方。就这样,福克斯的盟友变得越来越多,她的主张也获得了公司高层的支持。

就在 CVS 宣布停售香烟前,福克斯被安排到了新的工作岗位,迫使她直接面对自己的改革带来的后果。她被提升为零售部门主管。

"我记得有人跟我说,'现在你还觉得这是好主意吗?'"福克斯接受《财富》采访时表示。她表示相信自己,但她也做好了迎接因为几十亿美元销售额消失而引发恐慌的心理准备。

新政策推出一周,被媒体交口称赞的 CVS 股价出现上升,后来也不断保持了稳定的增长势头。做出停售香烟的决定一年后,尽管 CVS 的门店零售额下降了 8%，但药品销售相关服务出现了 12% 的增长，而且公司凭借大大提升的形象签下了 110 亿美元的新订单。与沃尔格林公司软弱无力的声明相反，拥有 CVS 门店的美国社区吸烟率确实出现了下滑。据一份零售市场分析数据显示，上述社区第一年的所有零售门店的香烟销售量共计减少了 9500 万包。

福克斯和她的盟友，成功地说服庞大的官僚机构走上了一条他们有无数拒绝理由的道路，这是例外，而非常理。更多时候，那些拥有非主流观点并积极推销的人会遭到粗暴对待，被人嘲笑、遭人无视。在花了一年多时间研究个体的风险思维后，福克斯的故事不禁让我产生疑问，究竟是什么特质让这群人不仅能够进行风险思考，还能接纳并提倡这样的思维方式？这是个非常重要的问题，因为"改变"并非一个人的独自冒险。为了对我们所在的机构、社区和领域产生影响，我们需要资源、创造力和狂热精神，而这些只能从他人身上获得。谁都能看出来，海伦娜·福克斯的天才之处并不在于药店不该卖烟，或者药店的商业模式正在改变。**福克斯的天才之处在于，她能领导一个庞大的保守机构做出高风险的改变。**

当然，我们都听说过孤独创新者的神话，这些乐天派的反叛者仅凭一己之力就能改变世界。可对从古至今无论艺术、科学还是政治上的创新者进行了广泛与细致的研究后，社会学家兰德尔·柯林斯（Randall Collins）只找到了 3 个真正独自行动的人：东汉哲学家王充、14 世纪的禅宗大师拔队得胜（Bassui Tokusho）和 14 世纪的哲学家伊本·赫勒敦（Ibn Khaldun）。剩下的人，无论是贝多芬、亚当·斯密、查尔斯·达尔文、比猫王写出更多畅销金曲的音乐家詹姆斯·詹姆森（James Jamerson），还是披头士、滚石乐队或海滩男孩组合，他们都拥有广泛的人际关系网，他们会在其中分享、批评和磨砺彼此的创意。

虽说我们需要其他人，但这些人通常不能起到正面作用。其他人只要存在，就能持续地产生压制创造力的效果。而团队喜欢强制实施我们试图克服的安全思维模式：他们会迅速达成共识，围绕在专家领导者身旁打压异见者，迅速强化共同的是非观，除非得到直接命令，否则他们会以效率和现实的名义否决任何有风险的陌生观点。

与其他人共同实践风险思维可能导致两个结果。我们要么感到无比沮丧，最终遭到团队的压制或排挤，要么像海伦娜·福克斯一样获得理想的结果。不管是身处某个机构的最高层，还是只是团队的普通成员，我们都有机会用创造力和魄力感染整个团队。我找到了一套经受过考验的实践方法，能够帮助我们获得上述结果。因此，本书开始时提出的自我改变之旅，现在变成了培养领导力、致力于帮助他人成长的全新之旅。

最后几章里，我们将讨论两种看似矛盾的力量，各个层级的领导者都可以利用这些力量大幅提高周围人的创造力与灵活性。一种力量是破坏力，另一种力量是安全感。

在破坏力的作用下，我们可以打破通常在团队真正理解局势前就形成的具有局限效果的共识。和福克斯一样，尽管存在让人感觉不舒服的可能，我们也要推动团队正视残酷的现实，投入建设性的矛盾冲突当中。当然，破坏力会产生繁重的心理负担，让人产生受威胁感。人们能够承受的破坏力有限，承受过多会让人筋疲力尽。这就是存在"安全"这个反作用力的原因。作为领导者，如果能在进行风险思维时尽可能多地让团队成员获得安全感，我们就能取得成功。那些有动力去冒险、不会担心因为犯错受到惩罚的人，知道自己总会受到重视与保护，这样的人愿意忍受不舒适感，自身的创造力也不会受到焦虑情绪的影响。接下来，让我们把注意力转移到这对堪称"团队创造力的阴与阳"的作用力上。

向顺从发起反抗

在进行著名的权威服从实验前,斯坦利·米尔格拉姆[①]对40名心理学家进行了问卷测试。他向这些心理学家提问,如果只是因为权威人士要求,他们认为普通人有多大概率会对一个无辜的受害者实施可能导致死亡的电击?米尔格拉姆回忆,这些心理学家预测,不超过1‰的参与者愿意接受命令、实施最高级别的惩罚。

可米尔格拉姆的实验结果却很难让人对人性继续保持乐观。2/3的参与者接受了命令,在明确知道会发出450伏电流的情况下,对一名演员实施了电击。后者假装痛苦地满地打滚,请求对方大发慈悲。

米尔格拉姆对这个可怕的结果做出了两个解释。首先是与周围趋同的心理。特别是在风险极高时,人们会迅速打消心中有违团队意愿的想法和判断。尽管我们可能看到无比疯狂的过程,但我们更多地会质疑自己的理智,而不是去挑战周围人尤其是地位更高的人的判断。其次是倾向于服从。当团队中的其他人比我们更有权势时,我们就会忽视自身行为产生的责任感。我们辩称自己只是在执行命令,尽管这会让人不舒服,但反抗的结果更让人害怕。

米尔格拉姆的权威服从实验,堪称历史上最知名的心理学实验。但米尔格拉姆后续进行的试图了解什么因素可以打破这种行为的实验,知名度则相对较低。在17号实验中,米尔格拉姆找来两名演员假扮参与者。在这个实验中,房间里有3个人都接到了电击命令。这个变化给实验带来了决定性的改变。当两名演员拒绝服从命令时,参与者也意识到了可怕的结果,所以他

---

① 斯坦利·米尔格拉姆(Stanley Milgram,1933—1984),哈佛大学心理学博士,曾先后在耶鲁大学和哈佛大学任教。在耶鲁大学做了震惊心理学界的权威服从实验,在哈佛大学进行了"小世界实验",并提出"六度分离"概念。著有《对权威的服从》一书。——编者注

们也没有执行荒唐的命令，而是放开了手里的遥控器。在这种环境下，只有10%的参与者继续执行了电击命令。

17号实验显示了个人拥有巨大潜力、可以通过勇敢的行为打破服从性的诅咒。而这种行为并不需要太多的刺激因素。演员并不需要说服参与者，也不必明确指出执行命令是荒唐愚蠢的行为。演员只需要说出自己的看法，参与者执行命令的意愿就会消散。这些演员就像福克斯，明确将心中的不安转变为改善现状的行动。他们和福克斯一样，也不是特定局势下的领导者。穿着实验室工作服、拿着写字板的强大"实验人员"强迫参与者继续实验，但是看到"破坏"行动后，90%的人选择不再继续。

正式的领导人拥有更多的权力去破坏不合理的共识。据说，20世纪20年代通用电气公司总裁小阿尔弗雷德·P.斯隆（Alfred P. Sloan Jr.）会在会议结束时说这样一句话："先生们，我认为我们在这个问题上达成了一致意见。"他的高管们纷纷点头，迫切希望进入下一个问题的讨论，"我提议对这个问题的继续讨论推迟到下次会议，这样我们就有时间去思考不同意见，也许就能够真正理解我们的决定。"

斯坦利·米尔格拉姆、海伦娜·福克斯和小阿尔弗雷德·P.斯隆似乎轻而易举地就带领人们离开了错误的方向。但在现实中，大多数情况并非如此。当哈佛大学的弗朗西丝卡·吉诺询问1000人他们的公司是否鼓励不服从行为时，900人都给出了否定的回答。表达具有破坏力的想法是不受鼓励的，这不言而喻，而且在更多时候这种行为会受到惩罚。既想使用破坏力，又不想成为麻烦制造者或阻碍进程的人，这需要巧妙的策略，也需要我们理解什么样的因素会导致看似美好的团队走向失败。

逃离亲和力陷阱

　　心理学家用来描述性格的"五大"特质中,最有吸引力的莫过于"亲和力(agreeable)"。具有高度亲和力的人会有以下让人喜欢的特点:他们相信他人,易于相处,有合作精神,具有同情心且无私。高中生们认为富有亲和力的同学最受人喜爱,老板将最有亲和力的员工视作具有团队精神的人,这都在情理之中。可当一群富有亲和力的人聚集在一起时,他们关注的通常是让其他人心情愉快,而不是取得任何价值。

　　在 20 个月的时间里,里士满大学的德俊·托尼·孔[①] 观察了 42 个需要执行有难度的变更管理项目的团队。他发现,亲和力高的人组成的团队不仅表现得比脾气暴躁者组成的团队差,而且在出现问题时也通常不知所措。他们对团队满意度的评判标准不是具体完成了什么工作,而是相处在一起的感觉好不好。拥有几个不讨人喜欢的成员的团队展现出了不一样的模式。这样的团队不仅表现得更好,而且他们的满意度也与工作成绩直接挂钩。良好的感觉并非来自与其他人相处愉快,而是源自工作取得进展。这相当于他们心中多了一个有效的指南针,能够指导他们走向成功。

　　我们从这个研究中得出的一个重要结论就是,**不要把过多的精力消耗在取悦他人上。假如没有一个人有拿得出手的工作成绩,我们应偶尔争取成为团队中那个不招人喜欢的成员**。不过孔的研究也突出强调了另一个与团队相关的重要且比较微妙的规则:成功源于分歧,但分歧不能大到团队无法继续合作的程度。我见过的最不招人喜欢的人,是一个在人权机构理事会开会时悠闲地走进来的人。他要求我们停下讨论,告诉他所有工作进展。要求得到满足后,他傲慢地说:"我不是你们这种只会空想不做实事的人,在商界,我们的做法严格得多。"他向我们努力构建出的一切发出挑战,还对每个人

---

① Dejun Tony Kong,此处为音译。——译者注

的资格资历提出质疑。但我很快意识到,他的做法有道理。他希望引入勇气和坚毅,打破我们形成的共识,但他努力的结果是灾难性的。整个团队的心理愉悦程度直线下降,理事会主席悄悄要求他不要参加第二天的会议,而整个团队又恢复到了这个自封的"批评者"走进我们的生活前的状态。

引入"红队"

我们没有必要为了走出亲和力陷阱而诋毁、羞辱或者抵制队友。即便善良、富有同情心的个人也能降低团队的亲和力;事实上,他们更有可能在保持团队高满意度的时候做到这一点。**我们如何才能既破坏和谐又不摧毁整个团队的士气和精神呢?其中一个方法,就是寻找既能鼓励争议又能去除个人化的机制,游戏化分歧。**以下是这个方法的几个例子。

史蒂文·莱维特(Steven Levitt)和斯蒂芬·达布纳(Stephen Dubner)在他们的《魔鬼经济学电台》(*Freakonomics Radio*)节目上讲了一家零售公司在中国开设第一家分店的故事。开店前两个月,公司的 CEO 邀请负责开店事宜的 7 个团队的负责人来到自己的办公室。他想知道每个团队的工作进展,以及新店能否按时开门。CEO 要求团队负责人从红、黄、绿 3 个信号中挑选一个。达布纳和莱维特注意到,这家公司重视亲和力高的人。任何对公司及其发展前景作出负面评价的人都会被看作唱反调或者是不坚决的人。因此,所有团队负责人都选了"绿色",会议就此结束。

一些人注意到,这家公司设定的目标总是实现不了,于是他们换了一种方法去评估这家分店的开店时间。他们在公司内部设立了一个预测池,每人投入少量资金,购买开店时间预测的"份额"。如果预测准确,份额就会变成现金;预测错误,份额就会变成一张白纸。人们可以匿名以任何价格自由买卖份额。这只是个游戏,很好玩。人们也能在不伤害其他人的感情和不陷入麻烦的前提下安全地表达自己对局势的分析。

根据这个预测池,这家分店只有 8% 的概率能按时开门。而在现实中,尽管各个团队负责人一再保证一切按计划进行,但在最后期限到来时,这家分店完全没有做好开门营业的准备。达布纳认为这家公司的 CEO 存在"前进狂热",也就是在不了解全局的情况下产生了继续前进的危险决心。面对有着"前进狂热"的 CEO,其他人连承认现实情况都很难做到,更别提说出真相了。但在游戏的环境下,真相很快就能浮出水面。经常使用"预测池"方法的福特汽车公司发现公司的业绩表现通常比专家预测的高出 25%,而购买份额参与预测的人也能在这个过程中不断学习,提高自己的预测能力。如今,在网上免费服务的帮助下,任何团队都能轻松地设立预测池。

提到低技术含量的游戏化分歧解决方案,那就是引入"红队"。[1] 这个说法来自军事领域,其中"蓝队"代表己方,以及我们在现实中考虑采用的方案。红队扮演的是敌人的角色,他们的任务自然就是不让蓝队舒服。红队需要曝光对手计划中的每一个可能的漏洞,尽可能击败对手。尽管竞争激烈,但参与游戏的每个人都知道,双方其实属于同一战线,共同的目标就是进一步完善选定的战略;即便偶尔击败同事或更优秀的人,人们也会尊重那些出色扮演了红队角色的人。

这种方法适用于任何团队。如果一个想法获得了关注和支持,我们应当适时暂停,派出红队,尽可能地提出反对意见,设想可能失败的情景。当然,类似"你总是提出这种不切实际的想法"这样的反对意见显然没有任何意义。反对意见针对的应该是工作成果,而不是创造工作成果的人。当然也不能粉饰反对意见,没有必要说"那个,我喜欢这个想法啊,但是……"这

---

[1] 布赖斯·霍夫曼作为第一个接受美国军方尖端红队训练的非军方人士,将完整的红队策略记述在《打胜仗的策略》一书中,本书简体中文版已由湛庐策划出版。——编者注

样的话。另外，每个人都应当带着敬意提出反对意见，避免正常的交流变成个人恩怨，导致一方不愿再听取对方意见。仔细听过红队意见后，支持者可以重点解决他们认为最重要的反对意见。尽管这个方法极具挑战性，但实施"红队策略"通常是创意过程中最有智慧和最以增长为目标的阶段。这种方法既能破除"亲和力"的负面影响，又不会让团队成员反目成仇。

制造有益的冲突，让边缘信息不断涌现

海伦娜·福克斯成功停售香烟的行动中，包含两个关键组成部分。第1个就是挑战药店出售香烟不可避免且可以接受的共识。通过指出实际做法与CVS广为人知的企业宗旨之间难以想象的不和谐，她实现了这个目标。可推动计划取得成功，还需要重要的第2个组成部分。她让公司开始关注证明医疗保健领域正在发生变化的新数据，这些数据最终变成了现实中的大潮。**但她首先需要克服被称为"共享信息偏差"的消极团队心理，对风险思维来说，这种心理甚至比亲和力还要致命。**

让我们想象以下场景：5个人走进会议室，参与讨论公司的一项重要决策。我们应该继续在药店出售香烟吗？出于简化考虑，让我们假设团队成员总计了解10个与这个问题相关的信息，每个人分别知道其中的8个。这些信息在公司内部得到了广泛讨论，也是因为CEO不断提及。所以我们在这里所说的信息，是清晰、合乎逻辑、已经广泛传播的信息。烟草每年的营业额为20亿美元；如果我们切断供应，消费者会去其他地方购买香烟；我们不必彻底结束这个业务也能帮助消费者戒烟。但有两条信息分别只有1个人知道。就像海伦娜·福克斯的论据一样，这两条信息可能与团队的主流观念存在矛盾，或者至少存在细微差别。

将这5个人集中在一个房间的意义是什么？就是为了确保10个人能够

获得全部 10 个信息，帮助他们做出最佳选择，对吧？按照我们的设想，了解独特信息的人会像英雄一样说出他们知道的重要内容。然而，现实中的大多数情况正好相反。共享信息偏差会不知不觉地推动整个团队关注所有人共享的信息。讨论显而易见的问题能让人们产生安全感，这种现象背后的原因不难理解：讨论广泛共享的信息时，同事更有可能认为他们能力出众，而团队领导者通常也更喜欢显而易见的信息。事实上已经有研究显示，手里的权力越大，人们就越有可能不知不觉地压制来自边缘的信息，甚至将自己封闭起来，拒绝接受这样的信息。而团队中地位较低的成员更有可能注意到其他人看不到的独特信息。部分原因在于，地位较高的成员沟通内容更为广泛、沟通频率更高，因此每个人都已经共享了领导者了解的信息。相反，地位较低的成员一般会保持安静。**如果你觉得很多会议纯粹是在浪费时间，共享信息偏差就是最重要的原因之一。**

如果想让团队换一种思维方式，我们就需要从边缘收集各类信息，而且研究人员已经找到了一些办法。地位高的人应当避免率先分享他们的观点。这样的人基本不了解重要的边缘信息，而当他们确定基调后，他们就会进一步排斥、边缘化拥有边缘信息的人。我知道领导者很难改变这样的习惯。不过研究共享信息偏差的人提出了一个强有力的建议：把每次会议开始时表达自己观点的时间，用于讨论获取边缘信息的重要意义。暗示自己有意愿听取团队目前还不了解的信息，再要求所有人说话前先写下自己了解的信息。用笔写下来的边缘信息更有可能在接下来的讨论中被人提及。如果不是团队领导者，我们应当提醒自己，团队非常需要我们掌握的不那么显而易见的信息；尽管隐瞒这个信息很有诱惑力，但隐瞒行为会伤害我们实现共同目标。

研究同样显示，属于少数团体的成员更有可能保持沉默。我们可以共同努力，鼓励彼此说出自己的想法；我们需要认识到，文化偏见可能会导致一些人保持沉默。最后，也是最让我意外的一个研究发现就是，重要的会议应当尽可能地进行更长时间。边缘信息通常需要更多时间才会出现，当我们追求速度和效率时，边缘信息还没出现会议可能就结束了。

创造出建设性冲突环境后，随着边缘信息不断出现，人们开始愿意冒险、不断提出原创观点，整个机构的文化也会开始发生改变。停售香烟的几年后，福克斯升任 CVS 总裁，她不断提及自己当初在公司内部的行动对公共健康的影响。她也强调，这段经历同样深深改变了 CVS。"不管从内部还是从外部，这对公司都是一剂催化剂，让我们能够换一种思维方式，去更大胆地思考。"她表示，"公司里的人说，哇，这可是个大赌博。我在做生意时敢去做这样的大赌博。"2017 年，CVS 成为第一家在门店停止销售糖果的连锁药品零售企业，这显然是他们向真正实现公司宗旨迈出的新的一步。

福克斯说，她的颠覆性做法为公司打开了更多冒险与大胆思维的空间，这种说法当然没问题，但我觉得有些过于简化事实了。仅靠以身作则不足以让整个团队保持锐气，而不断对文化做出破坏和颠覆也会让人疲惫。这需要一种平衡力，领导者应当致力于创造一种既让团队成员有安全感、又能不断出现风险思维的企业文化。为了了解具体做法，我找到了一个通过在高度竞争的环境中创造出安全文化的方式达到职业生涯巅峰的领导者。

让冒险变得安全

史蒂夫·克尔属于球迷眼中的无私型球员。尽管他曾在一段时间里是 NBA 中投篮最准的 3 分射手，但克尔似乎乐于在比赛关键时刻将球传给迈克尔·乔丹或斯科蒂·皮彭。

球迷可能不明白，克尔并不完全是因为无私，这可能是因为克尔创造出机会后队友的表现都很出色。克尔其实害怕自己投不进球。

"我知道自己不够优秀，承受不起错误带来的后果，"克尔回忆个人早期职业生涯时对我说，那时很多人认为他不配在 NBA 打球，"所以关键时刻我都选择了传球。"

克尔一直默默地用这种方式打球，直到 1997 年的一个关键夜晚，他所在的公牛队在 NBA 总决赛中遇到了爵士队。在第 6 场比赛中，双方在比赛时间还剩 6 秒时战成平手，公牛队叫了一个暂停。尽管乔丹当天染上了流感，但现场的所有人都认为，当他接到传球时，爵士会把所有防守精力都集中在他身上。而这意味着投篮精准的克尔很有可能遇到空位出手机会。

克尔告诉我，在那一瞬间，他意识到自己的恐惧不仅减少了他打出优秀表现的机会，而且也伤害了球队。"我记得自己说，如果接到球我就会出手，我不管了。"当然，克尔接到了球。他毫不犹豫地起跳投篮，命中了锁定胜局帮助公牛赢下总冠军的绝杀。"那是我职业生涯的转折点。"克尔回忆道。

将近 20 年后，当克尔以菜鸟身份接过金州勇士队的教鞭时，他下定决心，不让队里的任何球员因为避免犯错而浪费自己的天赋。他会打造一个全队文化，确保每个人都了解这个信息。

3 年后，人人都能从克尔治下的勇士队看出两个共同点。第一，球队洋溢着嬉闹和愉快的气氛。他们在比赛前跳舞，在场上大笑，有过令人咂舌的疯狂出手，神奇的是很多时候还能投进。人们经常拿勇士队和克尔效力过的芝加哥公牛队做对比。乔丹领导下的公牛队球风凶狠强硬，在征服欲的推动下上场比赛。与之相对，勇士队的动力来自对篮球这项运动本身的爱。

第二，勇士队总是在赢球。执教第一年，克尔带领勇士队夺得了球队 40 年来的第 1 个 NBA 总冠军。第 2 年，勇士打破了由克尔所在的 1997 年的那支公牛队创下的 NBA 单赛季胜场纪录，可惜的是，球队在总决赛中败给了由勒布朗·詹姆斯（LeBron James）[①]领衔的克利夫兰骑士队。第 3 年，他们复仇骑士队，再次赢得了 NBA 总冠军。

史蒂夫·克尔有意打造出了一种与高风险、高压环境中常见情况不同的球队文化。和球员交流时，他更多地强调成长，而非完美。克尔表示，他希望球员的思想变得更加成熟，而不是害怕失败，他希望通过这种方式提高球队的竞争力。

"做 NBA 球员真的很难。"克尔对我说，"当然，大多数人争得头破血流也想要这份工作。可你想想赢球的压力、球迷的嘘声，这些人需要我们的同情。"

克尔说，他留出空间，让球员能够展现出真实的一面。他不断努力，希望球员免受他当年感受过的焦虑，以此帮助他们将全部精力投入到比赛中。至于结果？勇士队球员不仅热爱比赛，而且基本功扎实，他们的进攻领先联盟其他球队，防守数据也排名前列，球队也打造出了一种实验型的文化。篮球迷们在争论勇士队是否是历史上最强大的球队，而我相信，他们是最有创造力的球队。

众多研究显示，如果希望自己的下属不断尝试风险思维，并且从风险思维带来的创新中受益，我们就必须创造出一种弱化等级制度和传统、直接鼓励冒险、自我表达并激励人们摆脱传统模式的氛围。克尔说，其他众多有能力的领导者没能采用这种方法，原因在于他们没能意识到世界已经发生了变

[①] 在篮球场之外，勒布朗·詹姆斯是如何将名气变现，创造出 10 亿美元身家的？在由湛庐策划出版的《勒布朗·詹姆斯的商业帝国》一书中，詹姆斯的好友文霍斯特聚焦篮球场外的詹姆斯，揭示了詹姆斯如何将自己的运动生涯、公众形象设计与财富经营结合起来，开辟出自己的商业帝国。——编者注

化。"老派做法中，教练会严格执行纪律，这样的人就算没有彻底消失，剩下的也不多了。"他告诉我，"有些年轻人得严格训练才会有好的效果。"

克尔向我描述了他"人多力量大"的哲学理念，根据这个理念，每个人都能为构建球队文化和风格贡献力量。几天后，我意外地读到一份研究，为克尔的这种不仅允许领导者也允许团队所有成员公开表达意见和确定团队规范的做法提供了强有力的论据。这份研究显示，通过提前讨论哪些行为可以让团队成员进入互动舒适区、哪些行为会导致对方不快，我们可以收集到更多充满才华的想法。"人多"真的可以带来更多力量。

在我具体描述这个研究前，让我们首先想象一种态度公正的理念，思考这个理念是会激发还是会限制创造力。想好了吗？加州大学伯克利分校的研究人员珍妮弗·查特曼（Jennifer Chatman）了解到了主流观点：如果对语言做出限制，人们的创造力就会受到局限。她和同事决定测试这个假设的真实性。

研究人员将参与测试的人分为几个小组。有些小组男女混合，有些小组性别单一。每个小组都接到了集思广益进行头脑风暴的任务。但在正式开始前，研究人员要求某些小组先讨论性别平等的价值。这样的对话可以让小组成员明确，什么样的语言和行为是可以接受的。对参与这个研究的很多女性来说，仅仅进行这样的对话就能提高她们的安全感，从而激励她们在创造性任务开始后更为自信地表达观点。最终的结果是，提前讨论性别平等问题的混合性别小组提出的创意比其他小组更新颖、更多元。

我们在前面已经了解到，团队成员拥有不同背景和人生阅历对设计小组具有重要意义。但很多时候，这种多元化小组里的一部分成员分享他们的古怪、不同寻常的观点时会产生不安全感。团队中地位高的人通常具有领导者身份，对他们来说，讨论如何让其他人产生安全感和获得关注会让他们感到不舒服，因为这样的对话通常会暴露出领导者的麻木。但要记住的是，这样的讨论对那些通常处于边缘地区、最需要表达意见的人具有完全相反的效果。

查特曼的研究可能与我们之前了解的"团队不睦"存在冲突。难道确定行为规范不就是确立服从性思维吗？不过查特曼的研究强调的是，**首先在人际关系层面创造出安全感，我们就能公开反对和挑战彼此的观点，而且不必担心会破坏团队的团结**。不管怎么说，知道对方即便不同意你的看法也能以尊重和欣赏的态度对待你，这难道不会让人更愿意公开讨论吗？

第 13 章

"允许失败"
不仅是一种理念,
也需要实践

什么样的
措施能够激励
团队取得创新突破？

第 13 章 "允许失败"不仅是一种理念,也需要实践

当史蒂夫·克尔在 2015 年成为金州勇士队的主教练时,勇士队已经是 NBA 最为顶尖的球队之一。一年前,球队取得了相当出色的 51 胜 31 负的常规赛战绩,但他们在季后赛首轮出局,导致主教练马克·杰克逊(Mark Jackson)被球队解雇。克尔知道,自己的首要任务就是保持球队的良好状态,于是他给球员播放了前一个赛季的比赛集锦,重点集中在球迷和数据统计都注意到的亮点上:比如精彩的投篮、惊人的盖帽和神奇的抢断。通过尊重球员的成就而获得他们的敬意后,克尔开始将球队的注意力转向他们经常忽视的一些重要细节上。

"我的场均传球数在联盟垫底。"他对我说,"我们没有让所有人都参与到进攻中,所以我们开始庆祝并奖励传球数量。每天晚上我会读出数据,球员们会很有兴趣。我们的场均传球次数从 245 提高到了 315,这对我们的赢球能力产生了重要影响。"

从 2016 年开始,NBA 开始统计"拼搏型数据",这种数据记录了对胜利至关重要但在过去没有得到记录的表现,比如干扰投篮次数、制造进攻犯规次数和无球拼抢次数。哪支球队更努力并最大限度地发挥了自身天赋?史蒂夫·克尔的勇士队。不仅要赞赏能够送上高光表现的得分球员,还要同样重视那些为团队成功做出贡献的人,克尔在执教的第 1 个赛季不仅将球队的

常规赛胜场从51提高到了67,而且带队赢得了总冠军。然而悲剧的是,很多团队甚至社会各个领域,重视并奖励的仍然只是相当于篮球中"得分"的表现,而这通常会带来灾难性的后果。

奖励"得分"的灾难性后果

2011年,沃顿商学院中职业生涯颇为成功的尤里·西蒙逊(Uri Simonsohn)对自己所在的领域产生了强烈不满。他和几个同事刚刚发表了一篇论文,搞笑般地取名为"积极心理学假象"。他们在论文中证明,像西蒙逊一样的心理学研究者总能轻松地在研究中发现令人惊奇的研究结果。想证明听某种音乐会让自己感觉变老了吗?很简单,对一些人进行测试就可以了。如果不喜欢得到的结果,那就加入更多的参与者。或者将研究对象分为几个小组,只报告那些能够证明自己的观点的结果。这些方法可能听起来荒谬,但早已成为研究中的"标准"做法。在心理学领域,隐瞒失败、吹捧成功是常见做法。

这篇论文很有趣,但没有引发太大轰动。没有证据表明整个心理学界都是骗子,也没有证据表明研究人员有意隐瞒研究结果,试图"证明"现实中不存在的现象。尽管如此,西蒙逊仍然怀疑,既然人为操纵空间这么大,我们真的能相信过去几十年有各种研究塑造了我们对人类行为的基本理解吗?他不知道该怎么回答这个问题,直到看到了一篇过于美好、甚至有点不真实的论文。

一所知名大学的一名心理学研究者声称,他在外表具有优势的人与利他行为趋势之间发现了不可思议的强大关联。西蒙逊心想,这种关联当然有存在的可能,可当他看到数据时,他产生了强烈的怀疑。这个研究的数据分布,并没有从现实世界收集数据所具有的杂乱感。相反,这个数据看起来太完美了,好比老师进行测验,所有学生的成绩分布组成了一条完美的曲线。

西蒙逊随后与这篇论文的主要作者进行了一系列邮件交流。最初他只是礼貌性试探,他愿意相信这篇文章的作者。可没过多久,局面开始崩溃。对方以"研究错误"为由撤回了这篇论文和其他 5 篇论文。接下来几年,西蒙逊开始关注几个著名研究的数据,最终他发现系统性的数据造假已经成为心理学界普遍存在的问题,而这本是致力于发现客观真相的研究领域。

我在 2016 年和西蒙逊进行了交流。他说对抗行业造假让他精疲力竭,他不再相信让坏人感到耻辱、逼迫他们做好人的方法能够解决这个顽疾。这个问题有着更深的根源。西蒙逊表示,只有当科学家去探索新想法行不通的人类认知边缘时,人类的知识才能取得进步。"愿意出错是种健康观念。"他说。可愿意和正确联系在一起也是人类的本性。"整个职业生涯都在研究一个理论,结果发现了证明其错误的证据。这就好比做了一辈子牧师,结果在 70 岁那年说禁欲太蠢了。"

渴望正确只是人类本性中的一个怪癖,但心理学领域的研究人员似乎在扩大而不是纠正这个问题。为什么会这样?因为学术生涯成功与否,取决于能否在著名期刊上发表重大研究发现。很长时间没有论文发表,对学者来说是非常危险的事情。而学术期刊希望大卖,并且获得媒体关注。最近一项调查发现,拥有极强的正面研究结果的论文,比如证明了一个假设,在主流期刊上获得发表的可能性比其他论文高出了 40%。实际上,不论学术与否,任何拥有正面结果的内容发表的可能性都比其他内容高出 60%。也就是说,大量得不出正面结果的知识和有趣的问题只会被埋没。

"我们需要改变做法,去做那些有趣的研究。"西蒙逊告诉我,"去问有趣的问题。"可只有当学术生涯能够建立在有趣的问题上时,直到人们能够毫无风险地执行可能一无所获的大胆想法时,西蒙逊所说的改变才有可能发生。造假与隐瞒数据将会继续减慢人类了解自我的进程。

过去10年，我们经常听到"领导者应当容忍失败"的建议。人们可以肤浅地贯彻这个观念，鼓吹这个理念，不去过多地责怪失败的人。可要为真正的冒险留出空间远没有这么简单。从科学大革命开始，科学界就在极力推销容忍失败的概念：要去实验，保持客观，推动发展，致力于寻找真相，而不是投身某个理念。西蒙逊只是最新的反叛者，他用亲身经历证明了当激励因素无法满足需求时，仅有理念支撑是多么的苍白。

在了解领导者究竟怎么做才能为员工真正创造出能够提出重大问题、踏入未知领域的安全环境的过程中，我发现了开放科学中心（Center for Open Science）的工作，后者以严谨的科学精神解决了这个问题。开放科学中心提倡的政策，针对的就是他们试图解决的问题。他们采用的一个主要方法就是，在分析研究数据前，明确并公开需要解答的问题和研究的方法，以此减轻数据收集中的偏见。开放科学中心也与学术期刊合作采用"登记报告"法，也就是在研究人员开始研究前，由同行审查其项目设计，如果获得通过，无论研究者得出什么结果，学术期刊都应刊发其论文。随着越来越多的科学家和学术期刊开始遵守开放科学中心的指导规范，研究人员也就越来越有可能因为出众的好奇心及大胆的理念获得学术声誉，他们不必再做出自己始终正确的姿态。

开放科学中心的运营主管安德鲁·萨兰斯（Andrew Sallans）告诉我，**只有不断尝试、犯错，并且从社区不断获得反馈，才能确定什么是正确的激励措施。**

为了让团队成员敢于冒险，确立一种回馈努力过程而不只是结果的激励措施尤为关键。人们在一个机构或一个领域中赢得尊重和权力的实际经历，比任何口头宣称的理念都要重要。领导者奖励胜利的结果而非过程，这是现

第13章 "允许失败"不仅是一种理念，也需要实践

实中非常自然的做法，这意味着在大多数组织机构中，我们还要做出很多努力才能平衡和对抗这种做法。尽管开放科学中心的做法表明合适的激励措施并不存在固定的公式，但有研究表明，我们首先可以去奖励那些进行了认真思考、做出了有破坏性试验的人，无论他们究竟取得了什么结果。我们可以给分享负面研究结果的人应有的赞誉，承认他们的工作实际上是在避免其他人重复他们的错误。我们也可以以团队表现而非个人表现为基础提供激励措施，这能让一些团队成员既能冒险尝试错误的做法，也能分享整个团队的成功。

几年前我曾经拜访过一个在GoogleX工作的朋友，GoogleX是一个孵化器，在那里工作的人的任务就是"发明未来"。我们坐在一个阳光充足的院子里，看着自动驾驶汽车安静地从面前驶过。因为保密的原因，我们不能聊他工作的具体内容。于是我们聊了聊在一个允许员工自由追逐梦想的公司工作究竟是怎样的感受。

我这个毕业于麻省理工学院和斯坦福大学的朋友停顿了一会儿，然后说："这儿有很多人患有冒充者综合征。我们做过调研，大多数人不认为自己和同事一样聪明。很多时候，因为不想出丑，我没有说出自己的想法。"

即便是在这样一个以实验精神和内部文化构建出名的机构里，即便这里拥有世界上最聪明、最自信的发明家，我也发现了缺乏自我肯定对创造力施加的诸多限制。这段对话提醒我，**一个团队必须持续努力，去营造一种允许破坏和颠覆的氛围，邀请并奖励人们走出安全边界。**而这需要各个层次的领导者共同努力。

只要做好了这一点，整个团队就能获得深远而巨大的收获。2017年对史蒂夫·克尔来说是极为艰难的一年。一次糟糕的背部手术让他长期陷入巨大的痛苦之中。临近季后赛时，克尔甚至不能来到场边执教，他将球队交给

了一名助理教练，但勇士队没有出现任何问题。他们在季后赛开始前取得了 15 连胜，最终以 16 胜 1 负的季后赛战绩赢得了总冠军。团队通过努力，保持住了过去由克尔带来的愉快、有创意的训练氛围。球队里的每个人都在努力，力图保持勇士队的创造力锋芒。

UNSAFE THINKING

打破常规的创新策略 6：
打破限制创新的共识，创造允许失败的安全环境

● 抗拒快速形成的共识

聚集在一起时，人们会放大安全思维的问题。他们会夸大领导者的意见、惩罚离群者，再匆匆得出结论。但亲和力不高的成员可以鼓励建设性冲突环境的产生，从而让团队避免陷入这一陷阱。如果人们难以提出反对意见，那就采用游戏的方法，比如设立预测池或者红蓝队。

你需要怎么做才能破坏团队中的亲和力？记住，好的做法是带着善意和敬意去破坏与颠覆。你欢迎来自边缘的想法吗？产生这样的想法后，你会分享吗？作为领导者你要记住，当你率先倾听、邀请所有人说出想法时，共享信息偏差就会弱化。

● 让不安全变得安全

当周围环境安全时，人们更有可能进行风险思考、实施不安全的行为。关于政治正确的研究表明，创造一个包容和保护的环境不但不会减少反而会提高团队的创造力。史蒂夫·克尔通过为生活在高压状态下的 NBA 球员减压而取得了成功。

作为领导者，你是否努力让每个人都敢于冒险？询问机构中地位较低的人，是什么原因导致他们保持沉默。你有可能会发现，小小的概念就能让人们发挥出大量的创造力。

不要只奖励结果，更要奖励冒险行为

人们在一个机构内获得地位、金钱和尊重的具体过程，远比任何空虚的政策或明确的理念重要。开放科学中心修补有缺陷的研究文化的做法，不是对科学家进行说教，而是改变激励机制。当一个人可以因为探索和提出好问题而非确切的研究发现获得学术声誉时，他就更有可能去冒险。

激励下属时，你的考虑标准除了成功还有其他因素吗？你需要直接激励其他重要的行为，比如有智慧地冒险、报告失败的现实以及聪明地提出问题。这可以让团队摆脱保守做法，勇敢迈入未知领域。

结 语

成为一名
真正的探索型思维者

2008年11月3日,美国大选的前一天,新泽西州中部的一名中年女性坐在桌边。她已经完成了选举登记,这意味着她有意行使选举权,投票给她支持的候选人。尽管如此,数据告诉我们,她只有47%的概率会真正出现在投票站。那时她正在浏览社交网站,思绪根本不在大选上。

这时她看到一份措辞模糊的调查邀请,点开后她发现,和这些天的常见情况一样,这是一份有关大选的调查。调查中的10个问题很平淡,大部分问题是在变着法儿地向她提问:"在即将到来的大选中投票对你来说有多重要?"她回答了每一个问题,完成调查后,她又去浏览了自己的信息页面。

也许是这个调查提醒了她大选就在明天,也许是调查刺激了她去思考投票的重要性，研究人员发现，这时这个女性投票的概率达到了 79%。

这个影响让人印象深刻，但并不让人意外。业界都知道，如果在选举前一天刺激人们去思考和投票有关的问题，他们真正去投票的可能性就会提高。研究人员认为，他们可以继续强化这个效果。

同一天，第 2 个版本的调查出现在了社交媒体上。同样是措辞模糊的邀请，同样是 10 个平淡的问题。但这一份调查的具体用语略有不同。这份调查变换了不同形式，向参与调查的人提出"在即将到来的大选中成为投票人对你来说有多重要的意义？"看到其中的不同了吗？实验者不再询问人们投票的重要性，而是询问"成为投票人"的重要性。这个细微的用词变化带来了显著的效果：看到这种形式的问题后，90% 的人去了投票站。让我们认真思考一下用词改变带来的影响：接受第 1 份调查的人中，仍有 20% 的人愿意放弃投票，而接受了第 2 份近乎相同的调查后，不投票的比例减少了 50%。

来自芝加哥大学、哈佛大学和斯坦福大学的实验人员表示，从"投票"到"投票人"的语言学变化，是"客观衡量投票率实验中所能观察到的最大实验效果"。

这本书的重点在于改变长久以来的思维和行为习惯，然而改变习惯本身极为困难。无论目标是开拓思维、掌握新学科知识，还是去体育馆锻炼，我们都会陷入常规思维。但我们有能力改变自己的行为，上述实验以及很多类似实验表明，当我们设想出一个更积极的自己时，我们就会想办法让那个想法变为现实。投票实验表明，我们对自己的感知在塑造自身行为过程中起到了关键作用，而这种感知是在不断变化的。当我们在诱导下把自己看作投票人时，我们自然就会发问，投票人在这种情况下会做什么？然后我们就会出门投票,即便做出这个行动不便利、有难度。

在内心创造一个楷模,这是在急需做出自我改变时我们拥有的最强大的工具。然而我对风险思维进行的研究却表明,很多人,包括我自己,大脑中形成了错误的楷模,是不再适用于现在的过往的刻板形象。

我发现,最勇敢的领导者并非感受不到恐惧和焦虑;他们允许自己去体验这些感觉,并从中获得动力。最有价值的思考者并非永远正确的专家,他们是心中充满渴望的探索者,愿意承认错误,愿意在出现新证据时更新、修正自己的观念。富有远见的创意人士的灵感,并不来自神奇的不受挑战的直觉与本能,他们学会了依赖直觉,但也学会了考验、磨炼直觉,用分析思维将直觉磨砺得更为敏锐。那些在改变世界中效率最高的人不会因为有反对意见就批评、排斥对方,他们会将敌人融入自己的圈子,从他们令人不舒服的观点中获得收益。对一个团队来说,最有价值的贡献者不一定是想出答案、并影响他人追随自己的人,最有价值的人通常是从边缘地带获取创意并且创造了足够安全的环境允许天才各自发挥所长的人。

在我看来,太多有关如何成为领导者、创造者或颠覆者的传统观点都大错特错。想适应快速变化的世界,我们就需要让心中的楷模跟上科学和时代的发展。所以,尽管我希望各位读者能重点关注我称之为风险思维的众多观点与实践方法,但你能做到的最重要的事,就是带着全新的内心楷模面对挑战,在面对未知事物时问自己:"风险思维者会怎么做?"然后再着手去做。

当我向自己提出上述问题后,我有了如下经历。那天是平安夜,我和妻子在洛杉矶。我之所以去洛杉矶,就是为了远离让人精疲力竭的工作,给自己重新充电,将创造力和快乐重新注入我的公司。因为贯彻了大量我研究的风险思维原则,再加上我在培养自身领导力方面始终依赖这些原则,所以我们面临的危机总体上得到了解决。公司内部又一次充满了稳定感与自豪感。

我感受到了攻克难关后浑身无力的感觉，和所有高管一样，我意识到，早晚有一天，我还会再次面对这种局面。

走在洛杉矶的海边，我们的孩子跑进大海，我的手机响了起来。又出问题了，而且不能等到假期结束再去解决。我放下电话后，没有立刻投入问题解决模式，而是问自己："风险思维者会怎么做？"大脑给出的第一反应出乎我的意料，而且与我刚刚打电话了解到的问题无关。17年来，我的核心身份认同全部都围绕着我亲手打造出来的公司。公司的成功就是我的成功，公司的失败就是我的失败。我没干过其他工作，也没有兴趣做其他工作。可当我向自己提出那个简单的问题后，我得到的答案却很明确：放手吧。

"我觉得我已经做了能做的一切。"我对妻子说。从她的表情中我能看出，她早就知道我心里的想法了。

过去一年，我投入所有时间去研究人们如何受到挑战以及如何挑战自己，观察人们如何直面埋在内心最深处的保守观念、自我认知感以及最为坚定的信念。我从形形色色的人们身上了解到，当我们适应了向自己发出挑战后，才有可能去应对外界的挑战。

当我向自己提出那个问题后，从CEO的位置上退下来、将公司交给全新的管理层以及面对未知世界，这些才是我最需要迎接的挑战。当我坚定了有更多创造性机会等待我去发掘时，留在同一位置的理由，不论是稳定、自尊还是持续性，都变成了安全思维。

通过在心中接纳一个新的楷模，为了让自己真正成为一直以来所宣称的风险思维者，我得以在自己的创造性进化中向前迈出了合理的一步，过去的我从未想过自己会迈出这一步。我希望风险思维同样能够帮助每一位读者向前迈出这一步。

未来，属于终身学习者

我这辈子遇到的聪明人（来自各行各业的聪明人）没有不每天阅读的——没有，一个都没有。巴菲特读书之多，我读书之多，可能会让你感到吃惊。孩子们都笑话我。他们觉得我是一本长了两条腿的书。

——查理·芒格

互联网改变了信息连接的方式；指数型技术在迅速颠覆着现有的商业世界；人工智能已经开始抢占人类的工作岗位……

未来，到底需要什么样的人才？

改变命运唯一的策略是你要变成终身学习者。未来世界将不再需要单一的技能型人才，而是需要具备完善的知识结构、极强逻辑思考力和高感知力的复合型人才。优秀的人往往通过阅读建立足够强大的抽象思维能力，获得异于众人的思考和整合能力。未来，将属于终身学习者！而阅读必定和终身学习形影不离。

很多人读书，追求的是干货，寻求的是立刻行之有效的解决方案。其实这是一种留在舒适区的阅读方法。在这个充满不确定性的年代，答案不会简单地出现在书里，因为生活根本就没有标准确切的答案，你也不能期望过去的经验能解决未来的问题。

而真正的阅读，应该在书中与智者同行思考，借他们的视角看到世界的多元性，提出比答案更重要的好问题，在不确定的时代中领先起跑。

湛庐阅读App：与最聪明的人共同进化

有人常常把成本支出的焦点放在书价上，把读完一本书当作阅读的终结。其实不然。

时间是读者付出的最大阅读成本
怎么读是读者面临的最大阅读障碍
"读书破万卷"不仅仅在"万"，更重要的是在"破"！

现在，我们构建了全新的"湛庐阅读"App。它将成为你"破万卷"的新居所。在这里：

● 不用考虑读什么，你可以便捷找到纸书、电子书、有声书和各种声音产品；
● 你可以学会怎么读，你将发现集泛读、通读、精读于一体的阅读解决方案；
● 你会与作者、译者、专家、推荐人和阅读教练相遇，他们是优质思想的发源地；
● 你会与优秀的读者和终身学习者为伍，他们对阅读和学习有着持久的热情和源源不绝的内驱力。

从单一到复合，从知道到精通，从理解到创造，湛庐希望建立一个"与最聪明的人共同进化"的社区，成为人类先进思想交汇的聚集地，与你共同迎接未来。

与此同时，我们希望能够重新定义你的学习场景，让你随时随地收获有内容、有价值的思想，通过阅读实现终身学习。这是我们的使命和价值。

本书阅读资料包
给你便捷、高效、全面的阅读体验

本书参考资料
湛庐独家策划

- ✔ **参考文献**
  为了环保、节约纸张,本书注释与参考文献以电子版方式提供

- ✔ **主题书单**
  编辑精心推荐的延伸阅读书单,助你开启主题式阅读

- ✔ **图片资料**
  部分图片提供高清彩色原版大图,方便保存和分享

相关阅读服务
终身学习者必备

- ✔ **电子书**
  便捷、高效,方便检索,易于携带,随时更新

- ✔ **有声书**
  保护视力,随时随地,有温度、有情感地听本书

- ✔ **精读班**
  2~4周,最懂这本书的人带你读完、读懂、读透这本好书

- ✔ **课　程**
  课程权威专家给你开书单,带你快速概览一个领域的知识全貌

- ✔ **讲　书**
  30分钟,大咖给你讲本书,让你挑书不费劲

湛庐编辑为您独家呈现
助您更好获得书里和书外的思想和智慧,请扫码查收!

(阅读资料包的内容因书而异,最终以湛庐阅读App页面为准)